藤井青銅
presents

ハリウッド・リメイク
桃太郎

「グランパ、グランマ。
ぼく、悪い奴らを退治してきます！」

柏書房

まえがき

日本の作品がハリウッドでリメイクされた例はけっこうある。古くは『七人の侍』や『ゴジラ』。近年は漫画、アニメ、ゲームを元ネタにしたものが多い。その逆に、外国のものを日本の映画やテレビドラマがリメイクした例も多い。

では、日本のむかし話・童話をハリウッド映画がリメイクしたら？

逆に、外国のむかし話・童話を日本のドラマがリメイクしたら？

むかし話や童話は世界中にある。どれも時代を越え国を越えて楽しまれる。そこには人が共通して「面白い」と感じるナニカがあるのだ。現代では、表現のジャンルは小説、演劇、映画、ドラマだけでなく、漫画、ゲーム、歌、Ｗｅｂ作品……など多岐にわたる。そこで「さまざまなジャンルであの話をリメイクすれば、きっとこうなる」と勝手に企画してみた。映像や舞台は、台本や企画書みたいな形で提示してみた。

元ネタはすべて、誰でも知っているむかし話や童話だ。なかには、時代や場所などの設定を変えてもさすがに「無理だろう」と思われる組み合わせもある。しかし、元ネタの「骨格」とリメイク先の「パターン」「あるある」を合体させれば、たいていはなんとかなってしまう。なんとかならなくても、それはそれで面白いのだ。

きっとこうなる。たぶんこうなる。こうなってしまうかもしれない。

藤井青銅

目次

ハリウッド映画は、意外に貪欲に各国の元ネタをリメイクしている。ハリウッドが開発した「こうすればヒットする」という定番パターンに落とし込み、露骨なアメリカ中心主義であることが特徴。日本的な「桃太郎」ならば、きっとこうなる。

全米No.1ヒット作品！
本年度アカデミー賞最有力候補
「ハリウッド映画」リメイク「桃太郎」
PEACH GUY
ピーチ・ガイ

アメリカ。ジョージア州ピーチ郡フォートバレーに、老夫婦が住んでいた。

郊外の一軒家。壁は白ペンキで、玄関は網戸《スクリーンドア》だ。朝。そこからジェームズ爺《じい》さんが出てきた。ジーンズにカウボーイブーツ。顎髭《あごひげ》は半分白い。片手に猟銃を持っている。

「でっかい獲物を仕留めてくるぞ」

メアリー婆《ばあ》さんは、ランチボックスとコーヒーの入ったサーモスのポットを夫に渡す。

ジェームズ爺さんは、TOYOTA（※）のピックアップトラックに乗って出かけた。

桃のシンボルマーク入りのナンバープレート。ジョージア州は別名「ピーチ・ステート」とも呼ばれ、桃の産地として有名なのだ。**～お爺さんは山へ鹿撃ちに。**

午後。ジョージア州を流れるチャッタフーチー川の河原。家族数組でのバーベキューパーティーに、メアリー婆さんがいた。**～お婆さんは川へバーベキューパーティーに。**

友だちの孫である小さな男の子がはしゃいでいる。それを見てメアリー婆さんはみんなから離れ、寂しそうに一人河辺に向かった。すると上流から……、

「オオ・マイ・ガッ……！」

とメアリー婆さんは叫んだ。巨大な桃がドンブラコ、ドンブラコと流れてきたのだ。

*

「なんだ、これは？」

その夜。ジェームズ爺さんは、キッチンにある巨大な桃を見て目を丸くした。

「桃よ。上流から流れてきたの」

「……それにしてもデカいな。早速いただこうじゃないか」

爺さんはアーミーナイフを桃の表面にあてた。その時、桃がパックリ二つに割れた。

「オギャー、オギャー！」

二人は驚いて覗《のぞ》き込む。中に赤ん坊がいたのだ。お婆さんは赤ん坊を抱えた。

「まあ、可愛い男の子！　ねえ、あなた、この子……クリスに似てない？」

夫婦にはかつて一人息子・クリスがいた。しかしベトナム戦争で戦死していた。クリスが生きていれば、今頃、孫もいただろう。バーベキューパーティーで見たような子が。

「これはきっと、神さまが下さったにちがいないわ」

桃から生まれたので《ピーチ・ガイ》と名付けられた少年は、すくすく育った。

リビングの暖炉の上の壁に、写真が増えていく。
○海兵隊姿の息子・クリスと、まだ中年夫婦のジェームズとメアリーの写真。
○その隣に……お爺さんとお婆さんになった二人が、赤ん坊を抱いている写真が加わる。
○その隣に……テレビゲームに興じている五歳のピーチ・ガイの写真が加わる。
○その隣に……ジェームズ爺さんとバス釣りをしている少年ピーチ・ガイの写真が加わる。
○その隣に……ハイスクールに入り、アメフト姿の写真が加わる。
そしてある日。ハイスクールから帰ってきたピーチ・ガイは言った。

「お爺さん《グランパ》、お婆さん《グランマ》。ぼく、デビル・アイランドへ行って、悪い奴らを退治する」

かつて州都アトランタから「ダイバーシティー・インダストリアル社」というバイオ企業が進出。川の側に工場と農園を建設した。最新のバイオテクノロジーで、地元名産の桃やピーナッツの収穫量を上げるという触れ込みだった。工場は年々あらたな施設を建設し

※80～90年代はＴＯＹＯＴＡ車、２０００年代だとＨｙｕｎｄａｉになる。

た。だが、むしろ工場廃液で川は汚れ、周辺の農園は被害をこうむっていた。

そこで「ダイバーシティー・インダストリアル（Diversity Industrial）社」のロゴマーク「ＤＩ」は、誰言うともなく「デビル・アイランド（Devil Island）」と呼ばれていたのだ。

＊

翌朝。お婆さんは、ランチボックスをピーチ・ガイに渡した。

「はい、これ。あなたの大好きなドーナツよ」

お婆さん手作りのドーナツを持って、ピーチ・ガイはデビル・アイランドへ出発した。

広い桃畑が荒れている。金網フェンスで区切られ、《ＫＥＥＰ ＯＵＴ！ ＤＩ社》と看板が出ている。ピーチ・ガイがその側を歩いていると、一頭のグレイハウンド犬がやってきた。ピーチ・ガイがドーナツをやると、ついてきた。

やがて森に入った。すると樹の上から、蔦にぶら下がった一匹のチンパンジーが現れた。ピーチ・ガイがドーナツをやると、ついてきた。

森を抜けると、今度は空から一羽のハクトウワシ（※）がやってきた。ピーチ・ガイがドーナツをやると、ついてきた。

一行は河原に出た。川の水は濁っている。上流のＤＩ社の廃液だ。ピーチ・ガイたちはボートに乗り込む。ＹＡＭＡＨＡ製の船外エンジンをスタートさせ、上流へ向かった。

＊

ボートでチャッタフーチー川を遡《さかのぼ》ると、濃い霧の中、巨大な要塞のようなＤＩ社の工場が、大きな中州《なかす》にそびえ立っていた。まさに、デビル・アイランドだ。

周囲は背の高い壁に囲まれている。中には何本もの高い煙突や、巨大なプラント施設がある。中央棟は高層のガラス張り。その屋上はヘリポートになっていた。

静かにボートを接岸し、ピーチ・ガイたちは工場の敷地に潜入した。

敷地内を守衛たちが歩いている。手にはイボイボのついた警棒。青いヘルメットで頭頂部から二本のアンテナが出ている者と、赤いヘルメットで一本アンテナの者がいる。

工場の中は青白い光に満たされている。一個ずつビーカーのようなものに入れられた桃が、ベルトコンベアーの上を整然と流れていた。バスケットボールほどもある桃だ。

「バイオ技術で、こんなに大きくできるのか？」

「クンクン。臭うな。桃の甘い香りにまじって、何か薬品のような臭いがする」

とグレイハウンド犬は、ひときわ守衛が多い奥の一室を見た。

その部屋に忍び込むと、薬品の臭いがツンと鼻をついた。さきほどのビーカーの中に、黒くドロドロした液体が満たされている。その中でボコボコと泡を立て、桃の断片のようなものが成長していた。とても食品とは呼べそうもない形状だ。

「こんなものが、桃になるのか？」

とその時、

〈ビー！　ビー！　不審者発見！　不審者発見！〉

と警報音が鳴る。赤色灯が点滅し、合成された声が響く。

バラバラと敵が出てきた。赤や青のヘルメットたち。

「みんな、ぬかるなよ。かかれっ！」

※アメリカの国鳥。国章にも描かれている。

ピーチ・ガイ指揮のもと、グレイハウンド犬は敵の足にかみつき、ハクトウワシは嘴《くちばし》で敵のお尻をつつき、チンパンジーは敵のヘルメットのアンテナを折る。そこへ、声がした。

――そこまでだ！　やめろ。

出てきたのは。敵の総統。黒いマントをはおり、同じくヘルメットも黒。そこから突き出た二本のアンテナは、他の連中よりもひときわ長い。

「よくぞ、ここまで忍び込んできた。ほめてやろう」

と総統は言う。

「しかし、遅かったな。もう間に合わん」

その時、ズズン……と、何か巨大なものが空気を震わす振動がした。建物の外に、まばゆい光。ガラス張りの高層棟の上空に、巨大なＵＦＯが浮かんでいたのだ。

＊

《世界各地の様子》

○同じ頃、ニューヨーク。摩天楼の上に、同じ巨大ＵＦＯが出現していた。人々は空を見上げて不安な様子。

○同じ頃、パリ。エッフェル塔の上にＵＦＯが出現。シャンゼリゼ通りでキスをしようとしていたカップルがそれを発見……が、キスの続きをする。

○同じ頃、中国。万里の長城の上に巨大ＵＦＯが現れる。中国人たちは、なぜかひざまずいてお辞儀をはじめた。

○同じ頃、東京。大仏の上に巨大ＵＦＯ。どうやら鎌倉の大仏のようだが、ＵＦＯの世界戦略的には、「東京」なのだろう。日本人たちはスマホを空に向け、写真を撮っている。

＊

さきほどの部屋。壁面の巨大モニターに、世界各国の様子が映し出されている。それを誇らしげに見やりながら、総統は言った。

「我々は、地球から三十八万光年離れたデビル・アイランド星から来た。そして十数年前ここに、バイオテクノロジーを駆使した秘密工場を作った」

「なんのために？」

「地球人を家畜化するためだ。お前たちだって、牛や豚の餌の中にビタミン剤や抗生物質を混ぜるだろう。自分たちに都合のいい家畜に育つようにな。あれと同じだ。地球人を、我々に都合のいい家畜にするため、遺伝子操作で食糧《エサ》を加工している」

「なんて奴らだ」

「それと同時に、各地から貴重な品々を収集してきた」

総統がボタンを押すと、壁面のドアが開いて小部屋が出現した。そこには、光り輝く宝石や金銀の装飾品、彫刻、絵画が、ざくざく納められていた。

「泥棒じゃないか！」

「言葉を慎め。こんな素晴らしいものを家畜に持たせておく必要はない。そろそろ準備段階も終わったので、これから本格的にこの星の支配を始める」

「そんな勝手なことをさせるわけにはいかない。かかれっ！」

ピーチ・ガイの合図で、グレイハウンド犬、チンパンジー、ハクトウワシが飛びかかった。が、総統は手に持った電磁棒で、あっさりと撃退。動物たちは痺《しび》れて気を失う。

「くそう。ならば、ぼくが相手だ！」

しかし総統はひらりと身を翻《ひるがえ》らせ、部屋から走り出た。

＊

逃げる総統を追って、高層ビルの屋上に来た。頭上に巨大なＵＦＯが浮かんでいる。

二人は取っ組み合いになる。しばし、殴ったり殴られたりの応酬。最後にピーチ・ガイは強烈なパンチを食らわせた。倒れ込んだ総統の上に馬乗りになり、首を絞める。

「ぐ……お前とは…………戦いたく、なかった。我が息子よ」

「え!?」

「この星に来た直後、私は地球人の女性と恋におちた……」

＊

《総統の、セピアカラーの回想シーン》
○総統と、美しいアメリカ人女性のデート。
○おずおずとキスをする二人。総統のヘルメットが邪魔だ。
○大きくなった女性のお腹を、やさしくなでる総統。
○赤ん坊を産み落とし、天に召された女性。横でオギャーオギャーと泣く男の子。
○巨大モニターにデビル・アイランド星からの映像。デビル帝国のエンマー大王が「その子は殺せ！」と命令。総統はガックリと肩を落とす。赤ん坊は可愛い顔でスヤスヤ眠っている。ふと見ると、ビーカーで大きな桃ができるところだ。

○総統の手で、巨大な桃の中に入れられる赤ん坊。
○夜。川辺に降りた総統は、巨大な桃をそっと流す。桃はドンブラコ、ドンブラコと流されていく。それを見送りながら祈っている総統。

＊

「お前の本当の名は、モモタ・ロー」

「そうだったのか……」

馬乗りになったまま、ピーチ・ガイは茫然とする。

そこへ、痺れから回復した三匹の動物たちが駆け付け、体当たり。総統の体は高層ビルから滑り落ちる。

「うわぁぁぁ〜〜〜！」

「父さ〜〜〜ん！」

総統はぐるぐる回りながら、はるか下へ。ドスンと地上に叩きつけられる。

すると、頭上のＵＦＯから強い光が。その光に捉えられた総統の体が、空中を上昇していく。光は、そのまま総統の体をＵＦＯの中に取り込んだ。ＵＦＯの明かりがより激しく点滅。そして急上昇し、ＵＦＯは、突然宇宙へ帰っていった。

同様に……世界中に現れていたＵＦＯも去っていった。

かくして、たかだかアメリカの一地方での勝利によって、人類は全地球的に危機から救われたのであった。

＊

フォートバレーのジェームズ爺さんとメアリー婆さんの家。

「お爺さん、お婆さん、ただいま！」

「おお、ピーチ・ガイ！」

ハグをし合うお爺さんお婆さんと、ピーチ・ガイ。

乗ってきたコンテナ・トラックの後部を開けると、中から光り輝く宝石や金銀の装飾品、彫刻、絵画が、ざくざく出てきた。お爺さんお婆さんは大喜びで、笑いあった。

ジョージアの太陽は暖かく、一家に、そして桃畑に降り注いだ。めでたし、めでたし。

＊

どこか漆黒《しっこく》の宇宙。あのＵＦＯが移動している。

その中で、手術台に寝かされているのは総統だ。上から、青い強烈な光が当てられている。やがて……死んだと思われた総統が、ゆっくりと上半身をおこした。

窓の外。星の海の中、はるか遠くにぽっかりと、青い地球が浮かんでいる。

総統はそれをじっと見ていた。


(To be continued)

「ハリウッド続編」リメイク「桃太郎」

ヒットした映画は続編が作られる。ハリウッドの場合、パート2制作時にパート3が視野に入っている場合もある。ただし、いろんなファンを取り込もうと欲張って方向が定まらないケースも多い。「PG（ピーチ・ガイ）」シリーズだと、きっとこうなる。

前作は予告にすぎなかった！
いま、壮大な謎が明らかになる
夢・冒険・そして愛！
PEACH GUY
ピーチ・ガイ　帝国の逆襲

前作から八年。

アメリカ。ジョージア州ピーチ郡フォートバレー。

街道沿いのダイナーに、すっかり大人になったモモタ・ローことピーチ・ガイが入っていく。無精髭《ぶしょうひげ》が生え、服装はだらしない。ホットドッグとビールを注文する。太ったオバチャンがカウンターにホットドッグとビールの瓶をドンと置き、そのまま掌を差し出す。

「代金を」

「金を取るのか？　オレが誰だか知ってるか？　ピーチ・ガイだぞ」

「知ってるわよ」

「オレは、デビル・アイランドからこの町を救って、お宝を町のみんなに分けた」

と言ってビールに手を出すが、その手をオバチャンがつかむ。

「いつまで昔の自慢話をしてるの。お代は払って」

ピーチ・ガイは渋々、小銭を払う。

＊

町の公園。中央に銅像がある。ピーチ・ガイと、それに従うグレイハウンド犬・チンパンジー・ハクトウワシの勇ましい像だ。しかしずいぶん汚れ、ピーチ・ガイの体の一部は欠けていた。

ベンチに座ってそれを眺めつつ、ビールをラッパ飲みしていたピーチ・ガイ。飲み干すと、ビール瓶を銅像に投げつける。瓶は、パシャンと割れて飛び散った。

そこへ、一人の女性がやってくる。美人で肉感的。

「この銅像は、あなたなの？」

彼女の名はラーム。最近この町に引っ越してきて何も知らないというので、ピーチ・ガイは説明する。

《前作からの回想》

ピーチ・ガイは、かつてデビル・アイランドの「鬼」たちを退治してこの町に平和をもたらし、奪ってきた金銀財宝をみんなに分け与えた。彼は町の英雄になった。人々はピーチ・ガイを尊敬し、すべてのお店は彼の買い物時にお金をとらなかった。しかしそんな状況も、数年で薄れてくる。最近では「いつまで英雄を引きずってるんだ」と、町の人々に避けられるようになってしまった。

話を聞いてラームは、

「可哀想に。ヒーローなのに」

なぐさめる彼女の色気に、ピーチ・ガイは心がゆれる。

＊

ピーチ・ガイは家にラームを連れてくる。壁の白ペンキは一部剥《は》がれ、家の中は乱雑になっていた。リビングの暖炉の上の壁に、古い写真がぽつんぽつんと並んでいる。
○お婆《ばあ》さんが作ってくれたランチボックスを手に、鬼退治に出かけるピーチ・ガイ。
○財宝を持って帰ってきたピーチ・ガイ。喜ぶお爺《じい》さんお婆さん。
○オープンカーに乗って、町をパレードしているピーチ・ガイ。
○銅像の除幕式に出席しているピーチ・ガイ。

○喪服を着たお婆さんとピーチ・ガイ。お爺さんの墓の前で。
○喪服を着たピーチ・ガイ。お爺さんお婆さんの墓の前で。
「この町が今あるのはオレのおかげじゃないか。なのに、この町のやつら！」

「財宝は、すべて町の人たちに？」

「ああ。でも実は一つだけ……」

ピーチ・ガイはクローゼットを開けた。奥の壁に隠し扉があった。そこに埋め込まれた小さな金庫を開けると、キラキラ輝く桃型のクリスタル・ピーチを取り出して、見せた。

うっとり眺めるラーム。

＊

漆黒《しっこく》の宇宙に浮かぶUFO。その中にいるデビル帝国の総統（蘇生したピーチ・ガイの父親）。黒いマントをはおり、黒いヘルメットからは二本のアンテナが突き出ている。

窓の外には青い地球が見える。

そこに入ってきたのは、なんとラーム。

「総統、やはりピーチ・ガイはクリスタル・ピーチを持っていました」

と報告する。ラームの髪の中にも実は小さな角《つの》が二本あった。彼女も宇宙人なのだ。プライベートでは、なぜか虎柄模様のビキニ姿であった（**セクシー要素で男性ファンと日本アニメオタクを狙っている※**）。

＊

ピーチ・ガイとラームは急速に恋仲になる。デートを重ねる。二人がしだいに親密になっていく日々が、丁寧に描かれる（**恋愛映画要素で女性ファンを狙っている**）。

ある夜。ピーチ・ガイの家で。ラームと一緒に酒を飲んでいる。

「オレはこの町を……いや、地球を救ったんだぞ。なのに、この町のやつら……」

酔っ払ったピーチ・ガイはいつものように愚痴《ぐち》を言いながら、そのまま突っ伏して眠ってしまう。ラームは、完全に眠っているのを確かめると、そっと立ち上がった。

ひそかにクローゼットに向かう。隠し扉を開け、記憶していた金庫の暗証番号を入れる。現れたのはキラキラ輝くクリスタル・ピーチ。手を伸ばしたその時、

「何をしてる？」

と声。振り向くと、ピーチ・ガイが立っていた。

ラームの頭に角があり、デビル帝国の一員であることがバレる。「実は、宇宙のパワーを秘めたクリスタル・ピーチを取り戻すために近づいた」と白状し、それを盗《と》らずに逃げる。

＊

ピーチ・ガイは、「再び、鬼退治だ！」と動物たちに招集をかけた。

しかし集まったグレイハウンド犬もチンパンジーもハクトウワシも年を取り、衰えている。ピーチ・ガイも酒浸《びた》りで肉体は弱っている。だが、「オレたちは再びヒーローになるのだ！」という合言葉で奮い立つ（**不遇感を抱えた中年男性層の共感も狙っている**）。

みんなで、以前ＤＩ社があった川の中州《なかす》に向かう。そこに数基のＵＦＯが着陸していた。

ピーチ・ガイたちはそれを襲う。

危険を察知し、宇宙へ逃げる総統のＵＦＯ。ピーチ・ガイたちは他のＵＦＯを乗っ取り、

※監督が日本アニメ好きのようだ。

追いかける。UFO同士のチェイスと、デビル帝国軍UFOとの派手な撃ちあいバトルがえんえんと続く**（メカオタクと戦闘ゲームファンも狙っている）**。

＊

UFOの母船にて。**（各方面のファン層を狙った挙句とりとめがなくなってきたので）**最後は、前作で好評だった総統とピーチ・ガイの一騎打ちになる。やがて総統は劣勢に。その時、ラームが割って入る。しかし、勢い余ってピーチ・ガイはラームを傷つけてしまう。

「やめろ！　お前たちは兄妹なのだ！」

「え!?」

「地球の女性との間に生まれたのがピーチ・ガイだが、別の星の女性との間に生まれたのがラームだ」

ラームは「知らなかった」とショックを受け、ピーチ・ガイは「あちこちの星で子供を作りすぎだ」と憤る。

総統とラームは脱出用UFOに乗り、宇宙の彼方に消えていく。

「いつの日か、宇宙のパワーを秘めたクリスタル・ピーチを取り戻しに来るぞ！」

かくして再び、ピーチ・ガイは地球の危機を救ったのであった。めでたし、めでたし。

＊

その頃、ピーチ郡の誰もいないピーチ・ガイの家。クローゼットに隠されているクリスタル・ピーチが不気味に光り、勝手にカタカタカタ……と振動を始めていた。

(To be continued)

「ハリウッド・スピンオフ」リメイク「桃太郎」

パート2、パート3……とシリーズが続く中で、変わり種のスピンオフ作品が作られることがある。公開時は悪評でさんざんだが、時を経ると「珍品」としてB級マニアに愛される作品となる。固定ファンがいるゾンビを使うと、きっとこうなる。

アメリカ。おなじみジョージア州ピーチ郡フォートバレー。

うららかな陽ざしのチャッタフーチー川の河原。若いカップルがデートしている。誰も見ていないので、大胆にイチャイチャ。やがて、男のほうが忘れ物を取りに車に戻る。だがしばらく待っても帰ってこないので不審に思い、女が様子を見に行く。すると車の手前の木陰に、男が倒れている。

「どうしたの?」

男の体を起こそうとすると、木陰からゾンビが現れる。男を倒したのはゾンビだった。

「キャー!」

ところが、倒れていた男も、むくりと起き上がる。その顔もゾンビになっている。二人のゾンビが女を追ってくる。

「キャー! キャー! キャー! キャー!」

女の首に咬《か》みつくゾンビ。

＊

この町にゾンビが現れた。人々は恐怖する。レストランで、酒場で、ボウリング場で、教会で、公園で……住民がどんどんゾンビにされていく。しかも、ゾンビに咬まれてゾンビになった者は、頭に角《つの》が生えて鬼のようになるようだ。

「鬼なら、あの人だ!」と人々の意見が一致する。

＊

ピーチ・ガイの家。白ペンキはすっかり剝《は》げ、家は荒れている。その中で孤独に暮らしている中年ピーチ・ガイ。すっかり酒浸《びた》りで体を壊している。

「あんたたちは、困った時だけ俺に頼ろうとするのか」

と不機嫌。住民の頼みを聞かない。

「そこをなんとか」

「無理だ。オレたちはもう昔のように若くない」

この家には今や、あのグレイハウンド犬、チンパンジー、ハクトウワシも同居していた。みんな年老いてヨボヨボ。とても戦えない。

ところがこの時、カタカタカタ……と音がする。音はクローゼットから聞こえ、その扉のすき間から眩《まぶ》しい光が漏れてくる。隠し扉の中にあるクリスタル・ピーチが光り、音をたてていたのだ。

その光を全身に浴びると、ピーチ・ガイ、グレイハウンド犬、チンパンジー、ハクトウワシは、宇宙のパワーでみるみるかつての若さに戻る。

「最後にもう一度、みんなのために働くか」

＊

郊外のショッピングモール。いろいろあって、ピーチ・ガイたちの指示で、残った住民は、最後にここに立てこもったのであった。

数を増し、えんえんと襲ってくる鬼ゾンビたち。人間だけでなく、なんと犬も猫も、猿も、鳥も、やはりゾンビ化して襲ってくるのだった**（すべて、ゆっくりと動く。なぜか鳥もゆっくり飛ぶ）**。

モールのあちこちを移動しながら、ゾンビと、残された人間たちとの死闘が続く。まともな人間はしだいに数少なくなっていく（**自分だけが助かろうとする男は、一番最初にやられる。若い女の子の洋服はゾンビに引き裂かれ、かなり肌が露出する。ずっといい人でみんなに愛される男は、最後の最後にやっぱりやられる**）。

やがてモールの一角の倉庫に追い詰められる。残されたまともな人間は数人と、ピーチ・ガイと犬・猿・鳥。

鬼ゾンビたちの最後の襲撃。もはや絶体絶命！

最後の攻防戦の中、撃ったショットガンで積み上げた倉庫の荷物に穴が開き、そこから水があふれる。いや、水ではなかった。この地の名物である桃を絞ったジュースだ。それがゾンビたちにかかる。

「うぎゃあ～～～～」

なぜかゾンビたちは果汁１００％の桃ジュース（濃縮還元ではない）に弱いのだった。

こうして、ピーチ・ガイたちのおかげで、町に再び平和が訪れた。めでたし、めでたし。

＊

墓地に眠るお爺《じい》さんお婆《ばあ》さんに、勝利を報告するピーチ・ガイ。

「オレはやっぱり、この町の人たちと一緒に生きていくよ」

と立ち去るピーチ・ガイ。しかしその後ろで墓石が揺れて倒れ、土の中からお爺さんの手が出てきたのを、ピーチ・ガイは知らない。

(To be continued)

「ハリウッド・リブート」リメイク
「桃太郎」
シリーズ作品が飽きられると続編が作られなくなる。だが、知名度は高い。そこで、10年・20年の歳月を経て、一度ゼロに戻ってあらたに作り直すリブート（再起動）作品ができる。「桃太郎」をリメイクした「ピーチ・ガイ」は、新しい時代には、きっとこうなる。
シリーズ再起動！
わたしが、退治するわ
ラスト15分、衝撃の結末！
ピーチ・ガール
PEACH GIRL

毎度おなじみ、アメリカのジョージア州ピーチ郡フォートバレー。

チャッタフーチー川の河原で、お爺《じい》さんは川にバス釣りに。そこへ上流から、巨大な桃がドンブラコ、ドンブラコと流れてくる。あっけにとられ、見とれる爺さん。バスが食いついて釣竿を持っていかれるが、気がつかない。

＊

「なあに、これ？」

その夜。お婆《ばあ》さんは、キッチンにある巨大な桃を見て目を丸くした。

「桃だ。上流から流れてきた」

包丁をあてると、桃がパックリ二つに割れた。

「オギャー、オギャー！」

二人は驚いて覗《のぞ》き込む。中に赤ん坊がいたのだ。お婆さんは赤ん坊を抱えた。

「まあ、可愛い。女の子ね！」

「きっと、神さまがわしらに下さったのだろう」

＊

リビングの暖炉の上の壁に、写真が増えていく。
○バービー人形で遊んでいる女の子の写真。
○その隣に……木登りをしている活発な女の子の写真が加わる。
○その隣に……ハイスクールに入り、チアガール姿の写真が加わる。
桃から生まれたので《ピーチ・ガール》と名付けられた少女は、すくすく育った。

そして……十五年後。ある日、ハイスクールから帰ってきたピーチ・ガールは言った。

「お爺《グランパ》さん、お婆《グランマ》さん。わたし、デビル・アイランドへ行って、悪い奴らを退治するわ」

川の上流の大きな中州《なかす》。最近、そこに突如、巨大なモスクのような建物が出現し、怪しい風体の人々が出入りしていた。「邪宗の教団ではないか?」と近隣住民は不気味に思い、デビル・アイランドと呼んでいたのだ。

＊

翌朝。お婆さんは、ランチボックスをピーチ・ガールに渡した。

「はい、これ。あなたの大好きなBento《ベントー》(※)よ」

サンドイッチとフルーツとクッキーなどがぎっしり入っている。それを持ってデビル・アイランドへ出発。途中で加わったシーズー犬、マーモセット(猿)、インコを連れていく。

＊

ピーチ・ガールたちはデビル・アイランドに潜入した。危険な場所に向かうのに、なぜかピーチ・ガールの衣装は露出が多く、薄着だ。

敷地内を守衛たちが歩いている。手にはイボイボのついた警棒。青いヘルメットで頭部から二本のアンテナが出ている者と、赤いヘルメットで一本アンテナの者がいる。

ピーチ・ガールたちは襲いかかる。ところが、シーズー犬は弱く、マーモセットも逃げ回る、インコはただ「ヤッツケロ!」と鳴くだけ。てんで頼りにならない。しかしピーチ・ガールは八面六臂《はちめんろっぴ》の大活躍。アクションシーンのテンコ盛り! 建物の中に入り込む。敵をやっつけながら、「この先は行き止まり」「こっちに隠れるスペースがあるはず」とピー

※日本風の弁当は、アメリカで人気。

チ・ガールの勘が働く。しかし（私、なんでそれがわかるの？）と不思議に思う。

ついに、敵のボスの部屋に乗り込む。

そこにいたのは、セクシーな銀色のボディスーツを身にまとった女盗賊。

「私は、三十世紀の未来から来た」と言う。実は、タイムマシンを使って過去に行き、そこで財宝を奪うタイムリープ盗賊団だった。外からモスクのように見えたのは、巨大な桃型タイムマシンだった。

女盗賊の足下には、この時代で略奪した金銀宝石が入った宝箱がある。

「ゆるさないわ！」

ピーチ・ガールと女盗賊の対決。女盗賊は光線銃を使う。が、とっさにそれを防ぐピーチ・ガールの動きが、やはりまるで最初からこのタイムマシン内の構造を知っているかのよう。（なんで？　なんで私、わかるの？）と思いながら、彼女は女盗賊から光線銃を奪い、壊す。最後はとっくみあいのキャットファイトになる、お互いの洋服は裂け、なぜか水に濡れ、よりセクシーに。

ピーチ・ガールはついに相手を抑え込む。そこで、断末魔の女盗賊が語る。

「今から十五年前も、この時代に略奪に来た。その時、『過去の人々から奪うのはよくない』と反抗した手下がいた。その女は緊急脱出の個人用タイムマシン（桃型）に乗って逃げた」

それは川に浮かんでドンブラコ……。ところがマシンが故障して、マシンはそのままで、マシン内の時間だけが過去に遡《さかのぼ》った。中にいた女は、赤ちゃんに戻ってしまったのであった。下流でそれを拾ったのが、バス釣りに来ていたお爺さんだった。

「それで、私にはこのタイムマシンの内部構造の記憶が残っていたのね」

とピーチ・ガールは納得。断末魔のわりに長い回想を語り、女盗賊は死んだ。

＊

ピーチ・ガールは、女盗賊が残した宝の箱を持って、帰ろうとする。と、ちょうどそこへ男が勇ましく、やってくる。

「ぼくはピーチ・ガイだ。オニどもをやっつけにきた！」

グレイハウンド犬とチンパンジーとハクトウワシを従えている。

「あなたの仕事は、もう先にやっておいたから。これ、あげる」

惜しげもなく宝箱を渡し、ピーチ・ガールは去って行く。あっけにとられるピーチ・ガイ。

＊

「お爺さん、お婆さん、ただいま！」

「おお、ピーチ・ガール、無事だったかい？」

何のお土産《みやげ》もないが、ピーチ・ガールは「あ、そうそう」とタイムマシンから持ってきたアンテナをお爺さんに渡す。お爺さんは伸ばして、

「こりゃ、いい釣竿になりそうだ」

お婆さんには、壊した光線銃についていたレンズを渡す。

「あら、虫眼鏡？　最近小さい文字が読みにくかったのよ。助かるわあ」

と喜ぶのであった。めでたし、めでたし。

END

「ハリウッド・リブート」リメイク「桃太郎」

「歌詞」リメイク「人魚姫」

映画やドラマだけではない。エンタメのあらゆるジャンルでリメイクは可能。歌によるリメイクもある。音楽のジャンルごとにそのテイストも変わる。同じ「人魚姫」だが、男女それぞれの立場で、きっとこうなる。

J-POP *Mermaid Love*

あの日あの場所で君に出逢ったのは　きっとキセキ
ありのままの君を受け入れて僕は一つ大人になった
本当はわかってた君が好きだってこと　きっと前世
手をのばせば君の愛があることに気付かなかったんだよ

翼を広げて　瞳を閉じて
君とならどこへでも泳いでいける
アリガトウ　Baby I Know

君と歩いた日々は今はモノクローム　もっと逢いたい
溢れ出す涙と抱きしめる記憶　不器用な僕だよ
もう一度やり直したい届かない想い　ずっと震える
何万海里も離れていても波の数だけ抱きしめたいよ

君の名を呼んで　サクラは散って
明日を見失いそうになるけど
アリガトウ　Baby I Know

君は君でいて　僕は僕でいて
海は海でいて　風は風でいて
サヨウナラ　Baby I Love

演歌「悲恋海景色」

一　海鳴り聞こえる　あなたの胸に
　　あれは十五の　月の夜
　　波に溺《おぼ》れて　恋に溺れて
　　愛の震えを　知りました

　※いっそあのまま　逢わずにいたら
　　嗚呼《ああ》……あなたと生きたい　海景色

二　二つの脚で　あなたの傍を
　　歩く幸せ　短くて
　　声を失《な》くして　愛を失くして
　　胸の痛みを　知りました

　※（繰り返し）

三　風は渦巻く　あなたの耳に
　　三百年の　哀しみが
　　夢と現世《うつつ》の波打ち際で
　　泡と消えます　この想い

　※（繰り返し）

　※いっそこのまま　光るナイフで
　　嗚呼……あなたと死にたい　海景色

「海外ドラマ」リメイク
「桃太郎」
映画でキャラクター名が浸透すると、アメリカでテレビドラマシリーズ、あるいはネットドラマになる。キャラクター名だけを使い、設定や時代背景はまったく別物。もはや元ネタ不明であるが、「桃太郎」→「ピーチ・ガイ」→「ピーチ・ガール」は、きっとこうなる。
全米視聴率No.1！
美しきピーチ・ガールズたちの活躍！
日本初上陸、シーズン1
ピーチ・ガールズ
いよいよ放送スタート！

「NHK朝ドラ」リメイク「アリとキリギリス」

戦後日本をたくましく生きた
女性建築家の一代記

連続テレビ小説

コッコッ杏《あん》ちゃん

NHKの朝ドラは、女性の一代記というパターンがかなりハッキリしている。制作陣は時にそれを崩そうとするが、たいてい評判が悪い。視聴者は、題材ではなくパターンを見たいのだ。ならば、パターンさえあればどんな題材でも朝ドラになる。イソップ童話だと、きっとこうなる。

【第一～二週・少女編（故郷編）】

※「昭和」を感じさせる子役が演じる。

○小さなお寺の境内（字幕「昭和十六年・夏」「岐阜県・飛騨《ひだ》高山《たかやま》」）

蝉《せみ》がやかましく鳴いている。

境内の地面に、蟻《あり》の行列。アゲハ蝶の羽を運んでいる。その列の側に、赤い鼻緒の可愛い下駄をつっかけた子供の足がある。下駄の足は蟻の行列を追いかけて進む。列は、太い松の木の幹を上っていく。少々躊躇《ちゅうちょ》した足は……下駄を脱ぐ。

無人の境内。蝉しぐれだけが降り注いでいる。そこへ、

「杏《あんず》ー！　杏、ご飯よ！」

と声が。

白い割烹着《かっぽうぎ》をつけた母がやってくる。境内を見るが、人影はない。

「おかあちゃ～ん！」

泣きそうな少女の声が聞こえる。母はキョロキョロするが、どこからの声かわからない。が、見慣れた下駄が松の木の根元に。その幹を見上げると、

「おかあちゃ～ん、降りれんくなったぁ～！」

おかっぱ頭の少女が木の枝にしがみつき、半べそで叫んでいた（※お転婆キャラは木に登るのが鉄則）。

（ナレーション・杏）――――小さい頃から、私はちょっと変わった子供のようでした。

○《蟻本《ありもと》家》と表札がある、ごく普通の家

茶の間。六畳間に、丸いちゃぶ台。父と母と杏がご飯を食べている。

「蟻んこが、ず～っと行列しとったんよ」

「そうか、そうか」

父親は丸眼鏡をかけている。

「あんな小さい蟻んこが、アゲハ蝶の羽根を運ぶんよ。すごいと思わん?」

「蟻さんは木に登ったり降りたりできるけど、杏ちゃんは登るだけやねえ」

と母はおかわりをよそいながら言う。

「えへへ……」

そこへ、表から声が。

「ごめんください」

○玄関

暑いのに麻《あさ》の着物をきちんと着た上品な女性が立っていた。日傘をたたみ、手に持った風呂敷包みを差し出す。

「お向かいに越してきた霧乃《きりの》と申します」

「まあ、これはご丁寧に」

母の対応を、興味津々で、奥から杏が覗《のぞ》いている。気付いた訪問客は、

「あら。お嬢さんがいらっしゃるのね」

「はい。国民学校二年、蟻本杏です！」

「まあ。じゃあ、ウチの娘と一緒だわ。さ、ごあいさつして」

婦人の横から、一人の美少女が顔を出した。都会的で垢《あか》ぬけた洋装、胸元には大事そうに、バイオリンケースを抱えている。

「霧乃歌子《うたこ》と申します。よろしくお願いします」

と、大人びた丁寧なお辞儀をした。

○さっきの茶の間

食事は終わり、父はちゃぶ台に新聞を広げている。

「う〜ん、やっぱり戦争になるんかのう……」

とそこへ、バイオリンの調べが聞こえてきた。

「あれは?」

「お隣の歌子ちゃんよ。さっきバイオリン持ってたから」

父はしばしその調べに聞き入り、

「やっぱ、東京から越してきただけあって、趣味も上品やのう」

「ほんと。杏とはえらい違い」

杏はというと、ガラス瓶の中に土を入れ、そこに入れた蟻が作る巣を見ていた。両親の会話を背中で聞いて、ほっぺたをぷっと膨らませた。

(ナレーション・杏)――これが、私と歌子さんとの最初の出会いでした。

(つづく)


【第三〜四週・女学生編】

※子役から本来のヒロイン女優に代わる。女子学生コスプレみたいな違和感は否めない。

○学校の正門前(字幕「昭和二十七年」)

朝。寝坊した杏は、セーラー服姿で鞄《かばん》を持って、走る、走る。

しかし学校の正門前で足をすべらせ、スッテンと転ぶ。通学途中の学生たちが笑う。校門にいた男の先生は顔をしかめる。

「いたたた……」

杏は照れ笑い。

その側を、美人の歌子がさっそうと歩いてくる。手にはバイオリンケース。先生に「お早うございます」とあいさつして、さっさと入っていく。

先生がふと見ると、まだ杏は座り込んだまま。じっと、うつむいている。

「どうした? ケガでもしたか?」

しかし杏は、足元の、蟻の行列を見ていたのだった。

(ナレーション・杏)――私と歌子さんは、新制高校に通う同級生になりました。

※古文の時間。黒板には《堤中納言《つつみちゅうなごん》日記 虫愛《め》づる姫君》と書かれている。先生が教科書を読み始めると、生徒たちが「杏のことや!」「杏ちゃんだ!」と囃《はや》したてる。杏は首をすくめ、教科書の間に顔を隠す。
微笑《ほほえ》んで見ている歌子。

※杏が憧れの男子学生にラブレターを出して、振られる。ところがその男子が学校のマドンナ・歌子にラブレターを出して、あっさり振られる。

※校内持久走大会。生徒たちが町の中を走る。運動が苦手な歌子は当然ビリ。すでに周囲には誰も走っていない。一

人さみしく、へとへとになって走っている。あの道を曲がればようやく学校に戻れる……という街角を曲がる。と、杏がゆっくり走りながら待っていた。

「歌子さん、一緒にゴールしよ」

　歌子と杏は仲良く走ってゴールする。

※学校帰り。杏と歌子は一緒に映画館に行く。見ているのは『グレン・ミラー物語』。映画館を出たところで教師に見つかり、「学校帰りに寄り道は禁止だ」と叱られる。しかし、優等生である歌子がかばって事なきをえる。
……などのエピソード回がある。


（ナレーション・杏）――私たちは性格も趣味も全然違うけど、大の仲良しでした。

（つづく）


【第五週・卒業編】

○放課後の教室（三年生）
美しいバイオリンの調べ。

木造の校舎。飛騨の名産である木材がふんだんに使われている教室に、杏と歌子の二人だけ。歌子の弾くバイオリンに、杏はうっとり聴き惚れている。

バイオリンを弾き終わった歌子に、杏は拍手する。

「いつ聴いてもうまいわあ。歌子さんは、東京の音楽学校に行くん?」

「そのつもり。杏ちゃんは?」

「私? 私は……」

杏は図書室で借りてきた昆虫図鑑を開いたまま、ぼーっと考える。その本には、蟻の巣の断面図イラストや、海外での巨大な蟻塚の写真が載っている。

「うふふ……杏ちゃんは、虫愛づる姫君ね」
＊
（回想・モノクロシーン）

古文の時間。《虫愛づる姫君》でからかわれる杏。
＊
元の教室。

「将来は、昆虫学者にでもなるの?」

「それがね、私が好きなのは虫じゃないって、最近気づいたの」

「じゃ、なんなの?」

「私、小さい虫がコツコツ働いて、大きな巣を作るとこが好きなんよ」

「コツコツ……」

「私も、コツコツ頑張って何か大きなモノを作りたいなあ……って」

「大きなモノって?」

「ダムとか橋とかビルディングとか……」

「ずいぶん勇ましいのね」

「今は民主主義で男女同権の世の中。これからは、女でもそういうことができるようになると思うんよ」

「ふうん……たとえば、大きなコンサートホールとかも?」

「そう!　いつか歌子さんのためにコンサートホールを作れたらええなあ」

（ナレーション・杏）――卒業後、私たちは別々の人生を歩き始めました。

（つづく）

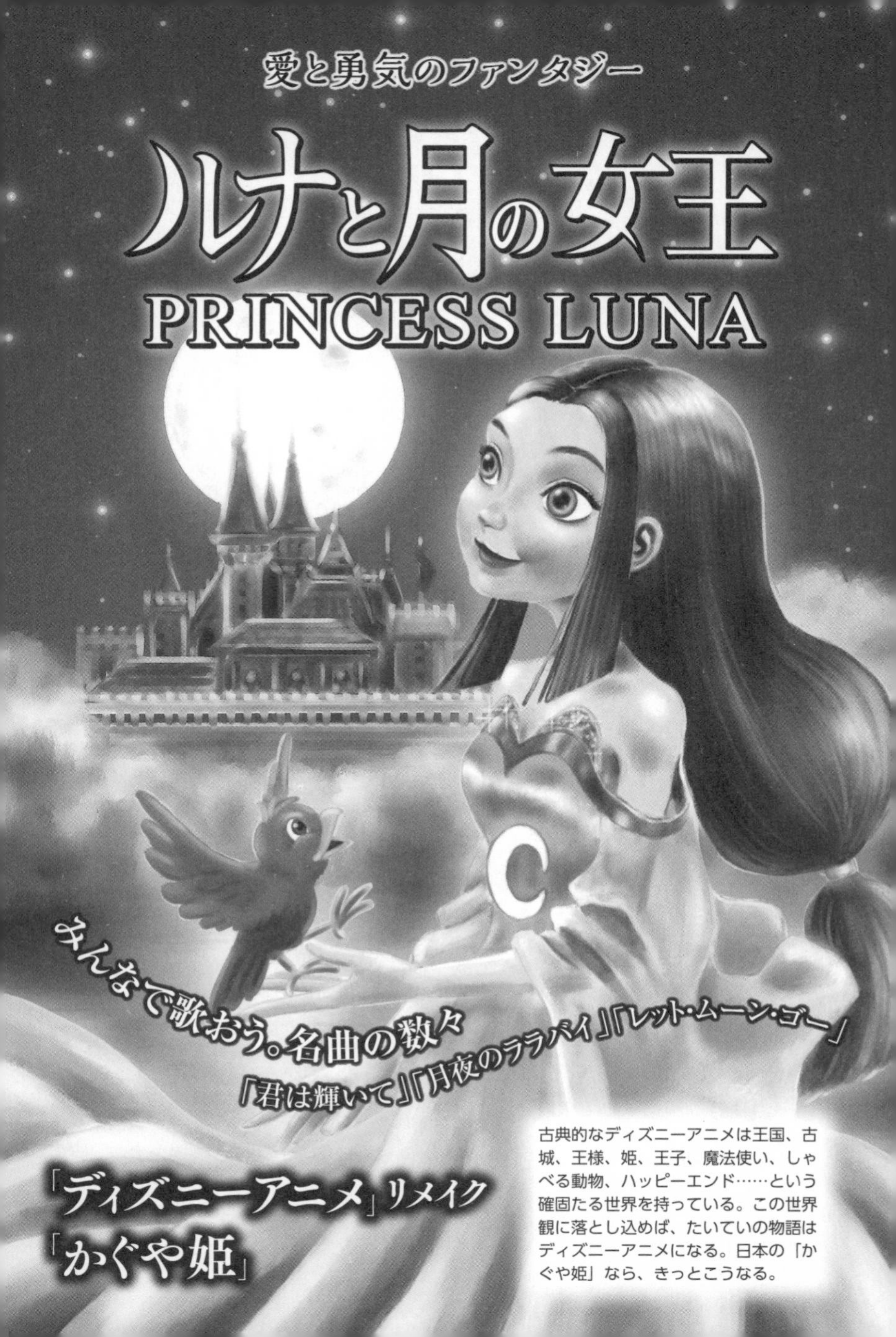

古典的なディズニーアニメは王国、古城、王様、姫、王子、魔法使い、しゃべる動物、ハッピーエンド……という確固たる世界を持っている。この世界観に落とし込めば、たいていの物語はディズニーアニメになる。日本の「かぐや姫」なら、きっとこうなる。

ここはムーン王国のお城。城の尖塔のバックには大きな満月がかかり、それがお城を囲む湖面に映って美しい。
この城にはルナ姫という美しい王女がいた。近隣諸国からは、この姫をお妃《きさき》にしたいと五人の王子や大富豪たちが求婚していた。
「五人とも申し分のない方々だ。どなたを選んでもよい」
とオッキーナ王は言う。しかし、ルナ姫はうかない様子。夜になると部屋に閉じこもって、月を見上げている。そこへ窓の外から、夜に鳴く鳥ナイチンゲールがやってきて、
「どうしたんだい？　ルナ姫」
と話し相手になる。ルナ姫は歌う。♪「おしえてナイチンゲール」
♪おしえてナイチンゲール
かわいいナイチンゲール
夜の光の輝きで
おしえてナイチンゲール
かわいいナイチンゲール
わたしはどうすればいいの？
「五人それぞれに宝物を持ってきてもらえばいいんじゃないかな？」
「宝物？」

＊

翌日。宮殿の王の間で、オッキーナ王が五人の求婚者にルナ姫の言葉を伝える。

「みなさんには、それぞれ次の宝物を探してきていただきたい。

イッシー王子には、氷の国にあるという、氷でできた聖杯を。

ラモッチ王子には、宝石の国にあるという、根が銀で茎が金で真珠の実がなる木を。

大富豪ミウ氏には、夏の国にあるという、炎を織り込んだスカーフを。

トモノミ大将軍には、ドラゴンの国にあるという、勇者の玉を。

マロー大臣には、水底の国にあるという、ダイヤモンドの貝を。

見事持ってきた者と、ルナ姫は結婚すると申しておる」

五人は一瞬たじろいだ。しかし、ライバルに負けるわけにはいかない。それに、どんなに無理をしても手に入れたいほど、ルナ姫は美しく魅力的なのだ。

「わかりました。ひと月ほど時間をいただきたい」

と約束して、去って行った。

＊

《五人の求婚者たちがそれぞれ宝探しをする音楽シーンの連続》
○イッシー王子はアップテンポ曲で、♪「寒くなんかないさ」
○ラモッチ王子はバラード曲で、♪「キミは宝石の輝き」
○大富豪ミウ氏は商人とのデュエットで、♪「ホンモノとニセモノ」
○トモノミ大将軍はラップ調で、♪「勇気ユアセルフ」
○マロー大臣はオーケストラアレンジで歌い上げる、♪「君は輝いて」

＊

そしてひと月後。王宮にやってきた五人は、それぞれケガをしていたり、髪の毛が焦げていたりする。差し出す宝物はニセモノだったり、「見つかりませんでした」と謝ったり、「代わりにこれを」と現ナマを積んでみたり……。

みんな約束を叶《かな》えられず、すごすごとルナ姫の前から消えた。

《王の回想》

今から十五年前……。当時オッキーナ王とお妃には子供がいなかった。

眠れないある満月の夜。不思議な満月の光に導かれて、王は森の中に入った。すると、ナイチンゲールの鳴き声が「こっち、こっち」と呼んでいるようで、奥へ奥へと進む。ついて行くと、大きな樹のウロが光り輝いている。覗《のぞ》いてみると、玉のような赤ちゃんがすやすや眠っていた。

お城に連れて帰るとお妃は「きっと月の神様が、子供のいない私たちのために恵んでくださったのよ」と大喜び。その声で赤ちゃんの目が覚め、可愛い声で泣きだす。王とお妃は代わる代わる赤ちゃんを抱っこしながら歌う。♪「月夜のララバイ」

その子をルナ姫と名付け、大切に育てたのであった。

＊

ある日、ルナ姫はあらたまって王とお妃に言った。

「実は私は、人間の世界の者ではありません。あの光り輝く月の都の者なのです。私をここまで育ててくださって、ありがとうございます。しかし間もなく十五年目の十五夜。月の都から迎えが来る。私は帰らなければならない」

王は首を振った。

「たしかに、お前の生まれはそうなのかもしれない。けれど今は大切な私たちの娘だ。必ず守ってやる」

＊

運命の十五夜の日。オッキーナ王はルナ姫を守るため、王国内から精鋭の兵隊二千人を集め、警戒していた。

この夜、いつもの何倍も月は明るく、周囲は真昼のようになる。やがて、お城の尖塔に大きな満月がかかる。尖塔が月に刺さったように見える。すると、その尖塔を伝ってスルスルと大勢の光り輝く「月の兵士」たちが降りてくる。

「ルナ姫を守れ！　あの者たちを追い返すのだ！」

二千人の軍勢たちは、いっせいに弓矢を放つ。しかし、満月の明かりと熱でぐにゃりと溶けてしまうのだった。

月から城に、長い長い光の階段がかかる。そこから、光輝くマントをはおった月の女王が降りてきた。やさしい表情で、

「ルナ姫よ。月に帰るのです」

とルナ姫の手を引く。気乗りはしないが、従わざるをえない。ルナ姫は月への長い階段を一、二歩昇り、躊躇《ちゅうちょ》して戻り、また引き戻される。そこへ、ナイチンゲールが飛んできて、月の女王のマントを引っ張ってはがす。するとその下に真っ黒なマントをはおった魔女の

姿があった。

「！」

恐怖を感じたルナ姫は階段を走り降りて逃げる**（なぜかガラスの靴が片方脱げるという、隠し味のサービス付き）**。が、足を踏み外す。「あっ！」ルナ姫は、はるか下の、お城を取り囲む湖にひゅ〜んと落下。そのまま沈んでしまう。

お城の兵隊たちが急いでボートを漕ぎだし、湖底から姫をすくいあげる。しかしすでに息絶えていた。

それを見て魔女は、

「死んでしまえば、それはそれでよい」

と冷淡。月に帰ろうとする。

地上では、横たわるルナ姫。その顔のそばに寄り添い、悲しそうな様子のナイチンゲール。すると、姫の目からこぼれた一筋の涙が、ぴちょんとナイチンゲールにかかる。それは満月の光を得て大きく輝く。すると、なんとナイチンゲールの姿が一人の青年に変わった。

「待て、月の魔女！」

と青年は魔女を呼び止める。兵士が持っていた弓と矢を手にすると、矢を湖の水にくぐらす。天の満月を映した、湖面のきらめく満月。その光る水をくぐらせることで、矢も特別な輝きをまとう。青年はその矢を弓につがえ、きりきりと絞って、魔女にめがけて放った。

「うがぁぁぁ！」

魔女は転落し、森の中に落ちた。その体は数十のコウモリに分かれ、森のあちこちに逃げ散ったのであった。

＊

横たわったままのルナ姫に、青年はキスをする。すると、青ざめていたルナ姫の頬《ほお》がばら色に輝き、息を吹き返す。

「あなたは？」

「私の名はミスター・クレッセント。今から十五年前。月の王国は内乱で乱れていました。そこで、生まれたばかりの姫君を守るため、一時地上にお連れしたのです。私はルナ姫を守るために地上に遣わされました」

二人は抱き合う。

「特別な満月の夜、月の世界と地上はつながります。今がその時」

ルナ姫とミスター・クレッセントが歌うデュエット曲。♪「レット・ムーン・ゴー」

湖面に映った満月と夜空の満月とが重なる。湖の真ん中に浮かんでいたボートは、いつの間にか、夜空に輝く満月の中を漕いでいる。

見上げる地上の人々。

「さようなら〜、お父様、お母様！」

「さようなら〜、ルナ姫！」

コーラスとともに、お城の尖塔の上に一筋の流れ星が流れる。

ＥＮＤ

連続テレビ小説

コツコツ杏《あん》ちゃん

【第六～七週・就職編】

○地元の土木建設会社

いかにも中小企業の社長といった小太りの男が作業着を着て、机に座っている。その前で、セーラー服姿の杏がぺこりとお辞儀をする。

「よろしくお願いします！」

（ナレーション・杏）――――私は地元の土木建設会社に採用されました。ここでバリバリ働いて、世の中の役に立つ大きなモノを作るゾ！　と意気込んだのですが……。

※杏の仕事は、当初はお茶汲みや雑用。最初は失敗ばかり。「すみません！」と謝る杏に、社長は優しく怒らない。杏は、（いい会社に来たなあ）と思っていた。

※しかし数か月たってもお茶汲みのまま。杏は「いろいろ勉強して、将来は大きな建物とかダムとか道路とかを作りたいんです」と訴える。ところが社長は「女はそんなことしなくていい。ここで何年か気楽に働いて、その間にいいお婿《むこ》さんを見つけ、結婚して子供を育てるのが女の幸せ」と、まるで取り合わない。杏は（優しいんじゃない。女に仕事はできないと思ってるんだ）と気づき、愕然《がくぜん》とする。

※そこへ、歌子からの手紙。「東京の音楽学校で先生に褒《ほ》められた。校内コンサートで独奏をまかせてもらえそう」とある（そのインサート映像。華々しい歌子の日常）。

どんどん前に進んでいく歌子と自分を比べ、杏は落ち込む。

※社長の息子である若き二代目・英輔（故郷編の、杏のほのかな恋心の相手）が、父である社長に、「日本はこれから大きくなる。新しい時代には、蟻本さんみたいな女性の建築家も必要になると思う」と意見する。息子に言われ、社長は東京の知り合いの建設会社に連絡。杏が働きながら夜学で設計の勉強ができるよう、とりはからってくれた。

○故郷の駅

ホームで、大きな荷物を持った杏。両親と「体に気をつけてね」「辛かったらすぐに帰ってきていいぞ」などと別れのあいさつを交わしている。

杏がふと見ると、遠くにある柱の陰で英輔が心配そうに見ている。杏は、大きくお礼のお辞儀をする。

○美しい飛騨《ひだ》の山々の緑を背景に走るSL

その座席で、夢に向かって胸を膨らませる杏。

（ナレーション・杏）――――こうして私は、東京に行くことになりました。

（つづく）

仲間が集まればうまくいく！　3D・フルCGアニメ

SCISSORS STORY
シザーズ・ストーリー

「シモンちゃん、可愛い!」（編集者）
「クレイに勇気をもらいました」（ラジオパーソナリティー）
「この映画、最後まで席を立たないで!」（コピーライター）

もちろんオールCGアニメ。動物や無生物が主人公で、恋愛よりも自己の成長やトラウマの克服がメインになりがちなところが、伝統的ディズニーアニメと違う。エンドロールもまたお楽しみだ。動物と無生物が主役の「サルかに合戦」は相性がよく、きっとこうなる。

「ピクサーアニメ」リメイク「サルかに合戦」

アメリカ南部。ミシシッピー川の支流の支流の、そのまた支流が流れる、のどかな田園地帯。農場の端を流れる小川の中に、水の生き物たちの幼稚園《キンダーガーテン》がある。バス、ブルーギル、カダヤシなどいろんな魚の幼魚、カメの子、オタマジャクシ、そしてアメリカザリガニの子供たちが、レースをしている。

「よ〜い、ドン！」

でスタート。アメリカザリガニのクレイくんは勢いよくダッシュする。が、後ろに行き、岩にぶつかってしまう。他の生き物たちに笑われる。

「ははは。クレイは何をやってもダメだな」

レースを終えた生き物たちは、お父さんお母さんたちのもとへ行く。

「よく頑張ったわね」「もう少しだったな」

などと褒《ほ》められ、甘えている。そんな中で、クレイだけはポツンと一人。重いハサミを抱えて、とぼとぼと歩いて水の上に出る。

＊

陸に上がったクレイ。大きな木の根元で、うなだれる。

「あ〜あ。ボクは何をやってもダメだ」

《回想》
広い農場で、トラクター作業をしている人間の男たち。昼食時になり、草むらに座ってハンバーガーを何個もパクつく。その一個が落っこちる。が、気づかず、やがてトラクターに乗って去ってしまう。

　そこに通りかかったのが、クレイのお父さんアメリカザリガニ。「ごちそうだ!」と拾ったハンバーガーを持って歩いていると、意地悪アライグマが拾った柿の種を持ってきて、

「交換しよう」と言った（注・北米大陸にサルはいない）。

「ハンバーガーは食べればなくなる。この柿の種を植えれば柿がたくさんなるぞ」

「それもそうだな」

　と交換した。

アライグマはうまそうに、むしゃむしゃとハンバーガーを食べた。

お父さんは柿の種を植え、小川から水を汲んできては「早く芽を出せ、柿の種」と大事に育てた。それはあっという間に成長し、枝に見事な柿がなった。しかし、登れない。

　そこへやってきたアライグマが「ほう、見事に育ったな。どれどれ俺がとってやろう」と木に登り、柿をむしゃむしゃ食べた。ザリガニが、

「私にもとってくれよ」

　と言うと、

「これでも食ってろ!」

　とまだ硬い柿の実を投げつけた（注・アライグマは北米原産。木にも登る。日本人のイメージと違って、けっこう乱暴者なのだ）。当たりどころがわるく、ザリガニは死んでしまった。遊びに行っていた幼いクレイは、帰ってきてビックリ。

「パパ!　パパ〜!」お父さんの亡骸《なきがら》にすがって泣いたのだった……。

＊

「ああ……あの日以来、ボクは一人ぼっちだ」

嘆いていると、どこからか女の子の声がする。

「あなた一人じゃないわ」

クレイが見上げると、すがっていたのは、その柿の木。木の枝に一つだけ、小さな柿の実がなっている。意地悪アライグマがすべてとっていったあと、まだ小さい実だったので残したものだった。

「私も、一人ぼっちなの」

たしかに、木の枝に他に柿の実はない。

その時、北風がひゅうと強く吹き、小さな実をつけた枝ごとポキンと折れ、落ちてくる。頭が柿の実で、分かれた枝がちょうど両手足のように伸びている。

「こんにちは。私、シモンよ」

しかしあちこちに葉っぱがいくつかついたままで不格好。クレイはザリガニのハサミで、チョキチョキと余分な葉っぱを切ってあげる。すると、二枚の葉っぱが胸を隠し、一枚の葉っぱが腰を隠す、スタイルのいい美人（美枝）になった。

「ありがと」

そこへ再び、風がひゅうと吹く。

「キャ！」

とシモンちゃんは胸の葉っぱを枝の手で押さえるのだった。少し赤くなるクレイ。

「ねえ、一緒に敵討《かたきう》ちをしましょ」

「敵討ち？」

「あなたはお父さんの、私は仲間の柿の実たちの」

「そうか！」

＊

そこで、クレイとシモンは味方を募る。

花から花へ飛び回る蜂のバジーがやってきて、

「オイラもあの意地悪アライグマは気に食わなかったんだ。手伝うよ」

と農場のあちこちを飛び回り、助っ人を集める。

× × ×

栗のチェスは熱血漢。枝になっている実に声をかけると、

「柿と栗の友情じゃないか。もちろん、協力するぜ！」

と枝からポロッと落ちてきて、シモンちゃんとハグする。が、トゲがついたままなので、

「いたた！」となる。

× × ×

農場の倉庫の中に入る。でっかいトラクターがある。その中から、

「わしも重い腰を上げよう」

と声がする。ボンネットが開き、重たいトラクター用バッテリーが飛び出てくる。ドスンと地面に降りる。

「わしはテリーじゃ。よろしく」

とバッテリーコードの手を出して、クレイのハサミと握手。しかしバチバチッと火花が散って、クレイの体は〝ビビビ！〟とネガポジ反転する。テリーは「すまん、すまん」。

×　×　×

みんなで農場の道を歩いている。何頭かの牛とすれ違う。と、どこからか、

「おーい、わしも仲間に入れてくれ」

と声がする。姿は見えない。声がしたほうを探すが、わからない。が、鼻をひくひくさせると、声の主がわかり、シモンちゃんは顔をしかめる。

それは牛糞《ぎゅうふん》のダン。

「わしにだって何かできるはずだ」

「たしかに」

とクレイは受け入れる。

＊

みんなは意地悪アライグマの家にやってきた。アライグマが留守なのを狙って、栗のチェスは暖炉の中に隠れる。他の仲間もそれぞれの場所に隠れる。

一方その頃、悪者アライグマ。水の生き物たちの幼稚園がある小川で、川の水に手を突っ込んでかき回し、イタズラをしていた。

「キャー！」「助けて！」

「ウヒヒヒ！」

魚や他の生き物たちは逃げまどい、怯《おび》えている。

＊

やがてアライグマが、家に帰ってくる。

「う〜、寒い寒い」

と暖炉で身体を暖めようとする。と、焼けた栗のチェスがパーンと飛び出してアライグマに火傷《やけど》を負わす。

「アチチ！」

アライグマは水桶に近づくと、そこに隠れていた蜂のバジーに刺される。

「いたた！」

蜂に追いかけられ、家から外に出ようとする。が、出口で床に伏せて待っていた牛糞のダンで、ぬるりと足を滑らせる。

「うひゃ！」

くるっと一回転して倒れると、そこへ屋根の上から重たいトラクター用バッテリーがドスンと落ちてくる。

「うぐぅぅ〜〜〜〜」

ぺしゃんこになった意地悪アライグマの体にクレイは足をかけて、

「討《う》ち取ったぞ！」

○エンドロール（エンドクレジットの横で、CGでのNGシーン集が流れる）

小川のレースシーン。なんとクレイがダントツで勝ってしまい。「ダメだよ」「これじゃ話が始まらない」「ハハハ」などみんなで笑い合う。

＊

アライグマがクレイのお父さんザリガニに柿を投げるシーン。何度投げてもザリガニにうまく当たらない。TAKE1、TAKE2、TAKE3……ザリガニがハサミでうまくうけとめてしまい。やんやの喝采。アライグマも楽しそうに笑っている。

＊

牛糞のダン。花が飾られたとても清潔な楽屋で、シェイクスピアの原書など読んでいる。非常に知的でダンディ。出番の声がかかり、わざわざ「くさいにおいスプレー」をコロンみたいに体にふりかけ、撮影現場に向かう。

＊

柿のシモンちゃんの葉っぱを切ってスタイルを整えるシーン。クレイのハサミさばきが間違って、胸の葉っぱも切ってしまう。「いやん！」と恥ずかしがり胸を枝で隠すシモンちゃん。ひたすら謝るクレイ。周囲で笑っている栗や、蜂や、テリー（火花がバチバチしている）たち。カメラに向かって立ちはだかり、シモンちゃんを隠すアライグマ。

「Twitter」リメイク「千夜一夜物語」

Twitterの文字数は少ないが、連続投稿することで続き物エンターテインメントになる。バズれば、まとめて書籍化が狙える。「千夜一夜物語」は、きっとこうなる。（全話完結まで２年９か月かかるが）

「オンラインゲーム」リメイク
「桃太郎」

オンライン・バトルロイヤルゲームの決定版!

仲間とともにデビル・アイランドに隠された財宝を奪え

今すぐダウンロードしてプレイしよう！　プレイヤー４人で１チームとなり、デビル・アイランドに降下。時間経過とともに小さくなる島の中で武器を調達し、デビル軍を倒し、隠された財宝を手に入れろ！

現代では、ヒットした映画はゲームになる。逆に、ヒットしたゲームは映画になる。映画とゲームは相互リメイクの関係なのだ。桃太郎の映画リメイクは過去にさまざまな変遷を繰り返して今度は、きっとこうなる。

赤い娘と黄門様

「水戸黄門」リメイク
「赤ずきんちゃん」

「水戸黄門」に限らず「暴れん坊将軍」も「遠山の金さん」も、たいていの時代劇は大きな虚構で成り立っている。ゆえに、むかし話や童話といった寓話を入れ込みやすい構造になっている。「赤ずきんちゃん」は、きっとこうなる。

○とある街道の茶店「だんごや」

水戸《みと》黄門《こうもん》一行が街道を歩いていると、「だんご」と幟《のぼり》を出した茶店がある。

「ご隠居、食っていきましょうよ」

八兵衛《はちべえ》にせがまれ、一行は茶店に。するとそこから、赤い姉さん被《かぶ》りで頭を覆った若い娘が出てくる。店の爺《じい》さんは、だんごの包みを渡しながら、

「お紅《こう》ちゃん、途中気をつけてな」

「ええ、慣れてるから大丈夫です」

と娘は街道からそれ、山道に入っていく。爺さんは黄門一行に、

「感心な子でね。時々ああやってお婆《ばあ》さんの所にだんごを持っていってあげるんです。ただ、少し山の中にあるんで心配なんですよ」

と聞かれてもいないのに説明して、奥に引っ込む。ふと見ると、娘の後ろ姿を、怪しい遊び人風体の男がうかがっている。

「ご隠居、どういたしましょう?」

と聞く助《すけ》さんに、しかし水戸黄門は、

「もう少し様子を見ましょう」

○宿場の旅籠

越後のちりめん問屋のご隠居、ということで旅籠《はたご》にわらじを脱ぐ黄門一行。食事の世話をしてくれる女中が、たまたま事情通で、しかもおしゃべり。

「最近ここらじゃ、若い娘が行方不明になる事件が続いてるんです」

「物騒《ぶっそう》だな」

「しかも、ちょうど新しいお代官様になってから」

「なんだって?」

「あ、いえ……いまのは聞かなかったことにしてください」

と肝心なところは言葉を濁して、女中は去る。

「ご隠居、どういたしましょう?」

と聞く格さんに、しかし水戸黄門は、

「もう少し様子を見ましょう」(※)

○入浴

その夜。旅籠で、くの一・お銀《ぎん》がたまたま風呂に入っている。すると板塀の向こうから、風車の弥七《やしち》が調べてきた情報を伝える。

「新しい代官は、この町の大神《おおかみ》屋とつながっているようだ」

○茶店「だんごや」(数日後)

赤い姉さんかぶりのお紅が、まただんごを買ってお婆さんの家に向かう。今度は準備していた遊び人風体の男がその後をつける。

茶店の客の中に助さんとお銀がいる。助さんの目配せに、お銀は立ち上がる。

※黄門様は「もう少し様子を見て」を続け、事態が悪化するまで動かない。

○山道

歩いているお紅。ふと、道端のきれいな花に目をとめ、それを摘む。

「お婆ちゃんに持っていってあげよう」

と独り言。そこへ、遊び人風体の男が現れる。

「花なら、この奥のほうにもっといっぱい咲いてるぜ」

「ほんとう?」

「持っていってやるとあんたの婆さんも喜ぶんじゃないか。案内しよう」

と男に誘われ、お紅は山の奥に入っていく。

○お婆さんの家

そうやって時間稼ぎしている間に、山の中のお婆さんの家にやってきた大神屋。

「どけどけ、ババア!」

とお婆さんを追い出す。取り巻きの用心棒たちが連れていく。

「さ、さ、お代官様。汚い家ですが、どうぞ」

と、代官を招き入れる。

「しかし、若い娘をかどわかして江戸の女郎屋に売るとは、おぬしも悪《わる》よのう」

「それはお口が悪い。貧乏な娘たちに、花のお江戸でいい暮らしをさせてやってるんですよ。それに、いい娘かどうか、毎度お代官様に品定めしていただいてますからな」

「これ、それは言わぬ約束じゃ。ぐわははは……」

そこへ、外から娘の声が。

「お婆ちゃん、あたしよ。戸を開けて」

「では、お楽しみを」と大神屋は裏口から出ていく。お婆さんに化けた代官は、戸を小さく開けてその隙間から外を覗《のぞ》く。

「あら、お婆ちゃん、いつもと違うその目は？」

「かわいいお前をよく見たくてね」

「あら、お婆ちゃん、その声は？」

「かわいいお前の名前を呼んでいたら嗄《しゃが》れてしまったよ」

「あら、お婆ちゃん、その大きな手は？」

「かわいいお前を……抱くためだ！」

とお紅の手を取り、中に引きずり込む。

「きゃー！」

ところが、娘は逆にその代官の手をとって、エイヤっと投げ倒す。ひっくり返った代官は驚いて、

「お、お前……誰だ？」

赤い姉さん被りをパッととると、それはお紅ではなく、お銀。家の外には、黄門一行。すでに助けたお紅も一緒にいた。

○立ち回り～印籠

大神屋の用心棒たちと、黄門一行の大立ち回り。よきところで、

「控え、控え、この印籠《いんろう》が目に入らぬか」

と格さんが、葵《あおい》の御紋が入った印籠をかざす。

「こちらにおわす御方をどなたと心得る。畏《おそ》れ多くもさきの副将軍・水戸光圀《みつくに》公にあらせられるぞ」

「一同、御老公の御前である、頭《ず》が高い、控えおろう」

ははーっと、素直にひれ伏す一同。

「その方達の悪事の数々、この光圀、しかと見届けたぞ」

○茶店「だんごや」

この宿場町を出て次の町に向かう黄門一行。

「色々とありがとうございました」

とお紅が頭を下げる。

「やっぱ、この店のだんごはうめえや」

とだんごをほおばる八兵衛。

「あ、お前ひとりで。こっちにもよこせ！」

「いやですよお」と逃げ回る八兵衛。それを見て笑いあう一行。

娘を助け、町を助け、黄門様一行は今日も行く。

「落語」リメイク「ピノキオ」

比之喜郎《ひのきろう》

落語は、歴代の演者が時代にあわせ、客の反応を受けて、改作に改作を重ねてきた結果が今あるものだ。いわばリメイクの塊のような演芸。当然これから先も変わっていく。「ピノキオ」は、きっとこうなる。

えー、毎度バカバカしいお笑いを一席、おつきあい願います。

嘘は悪いものと言われてますが、世の中、嘘がまるっきりないと、これはこれで困りますな。商人《あきんど》に現金掛け値なし、傾城《けいせい》(※)に手練手管《てれんてくだ》、仏法には方便という嘘がございます。もっとも、なかには、いつもつまらない嘘ばかりついて、「あいつの言うことは千のうち三つしか本当がない。千三つだ」なんて言われてる方もいまして……。

「おや、そこへ行くは、比之喜郎《ひのきろう》さんじゃないか」

「あ、こりゃ、ご隠居さん」

「しばらく姿を見せなかったな。どうしたい?」

「ええ、実は旅に出ておりまして」

「ほう、どちらへ?」

「いえね、端《はな》は旅に出るつもりなんかなかったんスよ。ちょいと湯屋《ゆうや》に行こうと歩いてましたら、向こうから見世物の一座が、触れの太鼓をたたいて練り歩いてきましてね。『おう、どんな見世物をやるんだい?』と訊《たず》ねたら、『当一座には人形振りの踊りの名手がおりまして、大層評判でございます』ときた。人形振りと聞いちゃ、黙っていられない」

「どうしてだい?」

「あれ、隠居はご存知ないですか? 町内の宴会じゃ、いつも私の踊りが評判でね。人形振りがみんなに喜ばれてるんスよ。糊屋《のりや》の婆《ばあ》さんは『比之さんの踊りを見ると寿命が延びる』って言うし、小間物屋のみいちゃんなんか『比之喜郎さんの踊りったら、様子がいいわあ。あたし、ああいう人となら所帯を持ってもいいわ』って……」

「ほう、小町と評判のあのみい坊が!」

「……と思ってるんじゃないかと」

「なんだい」

※遊女のこと。

「で、一座の触れの者に『踊りについちゃ、オイラもちょっとばかりうるさいよ』と八百屋お七《しち》の人形振りをやってみせたら、『素晴らしい！　ぜひ、一座に加わってください』というんで、一緒に旅に出た」

「そりゃまた急な話だな」

「一座の興行は行く先々で評判。私が舞台で踊るたびに『きゃー、比之さま！』『こっち向いて！』と好評でしてね。『うちのほうへ来ておくれ』『こっちでもひと興行を』と引く手あまた。呼ばれるままに流れ流れて、北国にやってきましてね」

「ほう、北のほうは寒いだろ」

「寒いのなんのって、火事が凍ります」

「おかしなこと言っちゃいけないよ。火事ってのは火だ。熱いもんだ。それが凍るわけがない」

「ええ。火事は燃えるんですけどね。それに水をかけると、凍っちまう」

「そんなことがあるのかい」

「ええ。弥次郎(※)先輩に聞いたとおりです。現地の人は慣れたもんでして、『ああ、今回の火事はうまい具合に凍って、よかったよかった』と、みんなでもって凍った火事を割って、火事のカケラを作る」

「火事のカケラ？」

「で、それを大八《だいはち》車に積んで、ゴミ捨て場に捨てにいくんです」

「ゴミなのかい？」

「ええ、五十センチを超えると粗大ゴミですけど、それ以下なら普通に捨てられる。現地じゃ『燃えるゴミ・燃えないゴミ・火事のカケラ』とゴミの分別《ぶんべつ》がされてまして」

「火事ってのは、燃えるゴミじゃないのかい？」

「どっちかというと、資源ゴミなんです。春になると溶けて火になるから、これを集めて火力発電に使う」

「へえ、地方によっていろいろあるんだな」

「やがて旅興行にも飽きてきたんで『ここらで江戸に帰らしてもらいます』と言ったところ、座《ざ》頭《がしら》の表情が変わりましてね。『一座の花形を失ったらおまんまの食い上げだ』と、私をつかまえて檻《おり》に入れて、鍵をかけてしまった」

「そりゃ大変だ」

「なんとか逃げ出そうと、コオロギに鍵を開けてもらって……」

「なんで突然、コオロギが?」

「あれ、言ってませんでしたっけ? 旅の一座の中で、コオロギの鳴きまねで人気の芸人と仲良くなったって」

「ああ、コオロギの鳴きまね! 江戸屋猫八《えどやねこはち》みたいな芸人かい」

「そうです。そのコオロギがこっそり鍵を開けてくれ、私は一目散に逃げ出した。座頭は追いかけてきて『待て~、捕まえてロバにしてやる!』と」

「なんで突然、ロバが?」

「あれ、言ってませんでしたっけ? 一座の荷物を引っ張るロバが倒れたんで、その代わりに荷車を引っ張らせようって魂胆だ」

「お前さんのは、後から出てくる話が多いな」

「『待てと言われて待ってられるか』と逃げに逃げたら海岸に来た。ここから先は海だ」

「追い詰められたな」

「振り返ると、やってくる追手は幾千万の軍勢。もうもうと土煙が上がってる」

「戦《いくさ》だね、まるで」

「そこで、近くにいた漁師から舟を借りて、さらに海に逃げた」

「ああ、これで安心だ」

「ところが、舟で沖に出たら、目の前の海がぐわ~っと盛り上がってきた」

「どうした?」

「でっかい鯨に、舟ごと呑《の》み込まれてしまった」

「そりゃたいへんだ」

「気がつくとあたりは真っ暗。どうやら鯨の胃袋の中らしい。そこで私は懐《ふところ》から、こっそり持ってきた火事のカケラを一つ取り出して……」

「持ってたのかい!」

「ええ。そいつを掌で囲って、はぁ~っと暖かい息を吹きかけると、火事が溶けて燃え出して、あたりが明るくなった」

「たいしたもんだな」

「この火で松明《たいまつ》を作って、あたりを見回すと、舟と一緒に呑み込んだ魚がビチビチ跳《は》ねてる。『こりゃ、新鮮な刺身だ!』と刺身三昧《ざんまい》。マグロ、タイ、ヒラメ、イカ、タコ……と食い放題。しかも

※古典落語「弥次郎」。

新鮮だ」

「そりゃそうだろう」

「ちょっと飽きてくると、カツオをつかまえて、火であぶってカツオのタタキだ」

「おいしそうだな」

「貝もいっぱい落ちてる。ハマグリ、アワビ、サザエを食べ、ヒトデを胃袋の壁の高い所に貼り付けて、見上げながら『星に願いを』を歌って」

「なんだい、そりゃ？」

「その時、はたと気がついた。『ここは鯨の胃袋の中だよな……ということは、目の前にあるこの壁は鯨の肉だ』と」

「たしかにそうだ」

「ここならグリーンピースも、シーシェパードも見てない。鯨肉の食べ放題だ！」

「お前、それは国際的にまずいんじゃないか？」

「なに、まず先に鯨が人を食ったんだから、その中で人が鯨を食っても、おあいこだ」

「おあいこって言いぐさはないだろ」

「持っていた匕首《あいくち》で胃袋の壁を少しばかり削って食べると、これがうまい。どうせなら、一番うまい尾の身のほうまで行ってそいつを食べようと、鯨の体の中をどんどん進んでいくと、鯨の野郎も腹ん中でなんか動いてるんでくすぐったいんでしょうね。周りの壁がぶるぶるっと揺れて、『地震か？』と思ったら、ハ、ハ、ハックショ〜ン！とでっかい鯨のクシャミ。その勢いで、しゅうう〜〜と潮吹きと一緒に外に放り出された」

「そりゃよかった」

「そこから抜き手を切って泳いでこの町に戻ってきた、というわけでして」

「ずいぶんな大冒険だったな」

「いえなに、たいしたことはありません」

「ところで比之さん、さっきからお前さんの鼻が伸びてるぞ」

「え？　そうですか？」

「火事のカケラとか、鯨に呑まれたとか言うたびに、お前の鼻がグンと伸びる」

「ああ、これは、花（鼻）のお江戸に帰ってきたからです」

おなじみの、嘘つき比之喜郎。おあとがよろしいようで。

ヤング花咲か爺さん
あの爺さんたちの若き日の物語
YOUNG GRANPA FLOWER BLOOM
「これは青春映画の金字塔だ」（英国・カーディガン紙）
眩しくも儚い少年の日の輝き

「ハリウッド前日譚」リメイク
「花咲か爺さん」

パート2、パート3……と続くシリーズとは別に、主人公の若き日に遡って映画を作ることもある。「ヤング〜」という作品だ。まず、「花咲か爺さん」のハリウッドリメイクが大ヒットしたのだろう。するとその前日譚は、きっとこうなる。

アメリカ中西部。十九世紀後半。

すでに開拓時代は終わり、小さな田舎町《スモールタウン》には鉄道が敷かれている。駅の周辺には銀行や商店や教会などがある。が、一歩郊外に進めばトウモロコシ畑とイチゴ農園が広がる。

この町を牛耳《ぎゅうじ》っているボスはブルーム・G・イーサン。銀行と、酒場、雑貨屋を経営している。その酒場から、女を両脇に抱え、酒でやけた顔を火照《ほて》らせて表に出てきた。

そこへ一人の貧相な男が駆け寄る。

「お願いです。もう少し待っていただけませんか?」

と地面にしゃがみ込む。イーサンは露骨に嫌な顔をした。

「借金の期日は、もうとっくに過ぎている」

「わかっています。ですが、今年は日照り続きでトウモロコシが育たず……」

貧相な男の名はバリー。小さな農場でギリギリの生計を立てている。

「俺は親切な男でな。色んな連中の面倒を見てきた。だが、空の上のことまでは面倒見切れん。借金を返せなかったらお前の農場を俺に差し出すと、この契約書に書いてある!」

と胸ポケットから一枚の契約書を出し、突き出した。

「一か月待ってやった。これ以上待てというなら……」

イーサンはゆっくりと拳銃を取り出した。相手に向けて構える。

「ひ……」

狙いを定め、イーサンはニヤリと笑い、引き金を引いた。バーン!

地面でガラガラヘビが宙に舞った。イーサンはまだ西部開拓時代を引きずっている。

「もう一か月待ってやる。それで返せなかったら、農場は俺のものだ。ハハハハ！」

女たちを連れて、イーサンは去っていった。

＊

イーサンには息子がいた。その少年の名前はジョージ。親の威光を背負ってわがまま放題。体つきも大きく腕っぷしも強い。町の少年たちのガキ大将だ。一方、貧乏農場主バリーにも息子がいた。名前はヨーク。つましい生活の中で、正直に素直に育った。

大人社会の力関係はそのまま子供社会にも及ぶ。ヨークは、ジョージが引き連れる子分たちの一番下っぱで、いつもジョージにいじめられていた。

これは対照的な二人の少年たちの物語である。

＊

ある日、ガキ大将ジョージは子分たちを引き連れて、鹿狩りをした。が、森の中でひとり道に迷い、美少女に出会う。名前はドロシー。養蜂家である父親は花を求めて各地を転々とし、彼女は一緒に旅をしているのだという。ジョージはドロシーに一目惚《ひとめぼ》れ。自信満々の彼は強引に彼女に言い寄るが、ドロシーは無視する。

＊

別の日。ヨーク少年は農場の手伝いで川に水汲みに来て、ドロシーに出会う。ドロシーも水汲みに来ていたのだ。が、華奢《きゃしゃ》な彼女には水桶が重い。ヨークは一緒に持っていってやる。ついて行くと、森の中に突然開けた花いっぱいの空間。「わたし、旅から旅の連続で友だちができないの」と言うドロシーに、「ぼくが友だちになるよ」とヨーク。

＊

一方、大人の世界。ペンシルバニアでの石油発見以来、全米で石油掘削《くっさく》ブームが起きていた。この町の郊外でも山師が石油掘りを試みている。現場ではたくさんのゴミが出る。イーサンはそれを引き取り、手下のごろつきどもに「バリーの農場に放り込んでおけ」と指示する。早く農場を明け渡して出ていけ、という嫌がらせだ。

しかし、翌日イーサンが見にいくとゴミはなく、バリーは普通に畑仕事をしていた。イーサンは「どうなってるんだ？」と不思議な表情。

＊

やがて、郡で大きな汚職事件が発覚。その調査がこの町にも及ぶという噂が流れてくる。イーサンは町の政治家たちと癒着《ゆちゃく》して悪どい金儲《もう》けをやっていたので、不安。ある夜中、屋敷の庭の片隅に穴を掘って、金貨や金塊、宝石などをコッソリ埋めて隠した。

＊

ジョージはドロシーのもとに何度も通う。そのたびに高価なプレゼントで強引にアプローチ。だが拒絶される。金と権威を誇る所が嫌われるのだが、ジョージにはそれがわからない。一方で彼女は、正直で控え目なヨークに惹《ひ》かれていく。

二人の少年はそれぞれ別の日にドロシーに会っていた。なので、お互いが彼女に会っていることを知らないのだった。

＊

農場主バリーの借金期日が迫ってくる。しかし金は返せない。その日、窓の外にイーサンがやってくる姿を見て、バリーは息子に「少し外で遊んでおいで」と言う。

ヨークが森の中に行くと、ドロシーと父親が荷造りをしている。「花を求めて、次の場所に行くことになったの」と寂しい表情のドロシー。驚くヨーク。ドロシーは「この町で初めて友だちができた」とヨークに感謝し、謎《なぞ》の粉が入った袋をくれる。「蕾《つぼみ》の育ちが遅い時、これを振りかけると花がパッと開いて、蜂たちが蜜を集めてくれるの」。

そこへジョージがやってくる。ジョージはヨークを見て驚く。ドロシーが今まで自分を避けていた理由はこいつだったのかとカッとなり、ヨークを殴り倒す。

「お前んちの農場はもうすぐウチのものになる。お前のものはすべて俺のものだ」

と彼の手から、お礼の袋も奪い取る。

ドロシーは怒る。

「あなたとヨークを比べたわけじゃない。ヨークが正直でやさしいから好きだったの。ジョージ、人にやさしくしないと、あなたもあなたの家族もきっと不幸せになるわ」

「うるせえ！」

ジョージはドロシーにも殴りかかる。その時、ヨークが間に入った。ヨークは初めて、ガキ大将に反抗したのだ。不意を突かれたジョージはヨークのパンチで倒された。

ドロシーはヨークの唇についた血を拭《ふ》いてやり、さらに倒れたジョージにもハンカチを渡す。父親の「そろそろ行くぞ」の声にドロシーは、

「さようなら。この町のことは忘れない」と去っていった。

＊

翌日。イーサンの悪事が暴かれる。これまでの借用書は悪どい手口で作られたインチキだとバレる。町の人々はイーサンの店を襲う。イーサンは逃げ出すが、その逃走の途中、鉄道事故にあって、あっけなく死んでしまう。

残されたのは屋敷だけ。息子ジョージは決意した。

「これからは正直に、素直に生きよう」

以来、人が変わったような真人間《まにんげん》になった……のちの「正直爺《じい》さん（ジョージ・K《キイ》・イーサン）」である。庭に、父が密かにお宝を埋めていたことを、彼は知らない。

＊

一方バリーは農場を手放し、世をはかなんで首を吊って死んだ。借用書が実は無効であることも、同じ日にイーサンが死ぬことも知らず。ショックで妻も倒れ、やがて後を追うように帰らぬ人となった。孤児になったヨークは決意した。

「きれいごとじゃ泣きをみる。世の中、金と力だ！」

以来、人が変わったように強欲になった……のちの「欲張り爺さん（ヨーク・バリー）」である。庭に、嫌がらせで放り込まれたゴミを父がすばやく埋めてなに食わぬ顔をしていたことを、彼は知らない。

＊

そして、人々の記憶がうすれた五十年後――。

正直爺さん（ジョージ・K・イーサン）は一匹の白い犬を飼った。ある日、犬が庭の片隅で……。

全印が泣いた！
「インド映画（ボリウッド）」リメイク「浦島太郎」
インド映画は娯楽に徹している。美男美女が登場し、ひたすら派手で、歌と踊りが満載。辻褄合わせのリアリズムとは無縁。童話・むかし話の世界観と同じなので、違和感なくリメイクできる。「浦島太郎」は、きっとこうなる。
至福の歌声、悦楽のダンス
これぞマサラムービーの決定版！
踊るリュウグウ
総天然色曼荼羅映画

聖なるガンジス川のほとり。子供たちがワニ（ガビアル）をいじめている。

そこへ通りかかったのは、小太りで顔が濃い男・ラシュマン。

「こらこら、ワニをいじめるんじゃない」

と子供たちに小銭を渡し、ワニを助けてやる。

＊

ラシュマンはこの地域を治めるマハラジャの屋敷の使用人。明るく、力持ちで、人気者。マハラジャの娘マーヤに、密かに好意を持っている。しかし、身分違いゆえ、ラシュマンはあきらめていた。

ある日、母が病に倒れる。母は今際《いまわ》の際に「お前は、私の本当の子ではない。ある日、聖なる剣とともに籠《かご》に入れられて川を流れてきた赤子を拾って育てたのだ」と告げる。その剣には、かつてこの地を収めたマハラジャの忘れ形見であることが書かれていた。

母を荼毘《だび》に付してガンジス川に流したあと、ラシュマンはお家復興を誓う。家を復興すれば、マーヤと結ばれる可能性もある。

♪「俺はマハラジャの息子」……歌い踊るラシュマンと、それをたたえる何百人もの村人たちの群舞。飾りをつけた象たちもずらりと並んで踊る。

＊

数日後。ラシュマンが川べりを歩いていると、川から一匹のワニが現れる。

「私は先日助けていただいたワニです。ガンジス川の底にはリュウグウという宮殿があります。そこのお姫様があなたをお連れしなさいと言うので、迎えにきました」

ラシュマンはワニの背中に乗って、大河の底に潜っていく。

＊

聖なる川の底に現れたのは、タージマハールのような宮殿リュウグウ。ワニの背にまたがってやってくるラシュマンを、魚の化身の美女たちが数百人、歌って踊って迎える華麗な群舞シーン。

♪「ようこそ水の都へ」……水中バレエのようにひらひら泳ぎ、踊る美女たち。CGで魚の群れもさまざまなモザイク模様を作り、華やかさを添える。

やがて、宮殿の中。巨大なアコヤ貝のような玉座には、絶世の美女（ややぽっちゃり系で、アラビアンナイトみたいな半裸の衣装）オットー姫が座っている。

「ラシュマンさん、ワニを助けてくれてありがとうございます。どうかこのリュウグウでごゆっくりしていってください」

どんどん運ばれてくる豪華なごちそう。それを食べるラシュマンの前で、魚の化身の美女たちが、次々と踊りの出し物を見せる。

♪「宴会のダンス」……コイやゼブラダニオの舞踊り。

＊

オットー姫は「実はこの水の都を支配しようとする悪い竜魔王がいる」と言う。そこでラシュマンは竜魔王退治に行く。

泥の底に隠れる竜魔王を相手に、ラシュマンは超人的な技を駆使して戦う（ワイヤーアクション＆CG）。だが竜魔王の力は強く、あわや殺されそうになる。その時、亡くなっ

た母の幻想が現れ、

「ラシュマンや、お前にはマハラジャの血が流れている。聖なる剣を使いなさい」

と言う。

ラシュマンは剣を使って、ついに竜魔王に勝利する（言い忘れたが、ラシュマンはいつも剣を肌身離さず持っていたのであった）。

竜魔王の正体は、齢《よわい》を経た巨大バガリウス・ヤリ（大ナマズ）であった。

＊

平和が訪れた水の都リュウグウで、祝いの席が開かれる。

♪「偉大なるラシュマン」……踊る美女たち。揺れる水草。魚の群れ（ＣＧ）が作る次々と形を変える極彩色の模様。最後は巨大なハート型になり、その中央にラシュマンとオットー姫。

＊

楽しい数日を過ごしたけれど、ラシュマンは地上のことを思い出す。

「オットー姫、私は地上に戻ってお家復興をなさねばなりません」

「おなごり惜しいけれど、しかたありませんね」

♪「永遠に忘れない」……ラシュマンとオットー姫による、別れのダンス。

「お別れに、これを持っていってください」

それはスパイス入れの金属製マサラケース。

「ただし、このマサラケースを決して開けてはいけませんよ」

再びワニの背中に乗って地上へと帰るラシュマン。

膨大な数の魚の化身の美女・美男たち、魚の群れが群舞で見送る。

＊

川岸に帰ってきたラシュマン。ところがどうしたことか、周囲の景色も村も、すっかり変わっていた。近くを通りかかった人に聞いても、誰も知らない。かつて仕えていたマハラジャやその娘マーヤのことを聞くと、

「大昔にそんな人がいたという伝説が残っている」

と言う。

「ああ、水の都ではわずか数日だったが、地上では恒河沙《ごうがしゃ》(ガンジス川の砂の数)年が経っていたのか！」

ラシュマンは動転して、マサラケースを開けた。白い煙がもくもくと出て、ラシュマンはたちまちお爺《じい》さんになってしまった。

♪「恒河沙の彼方へ」……時空を超えたエンディング・ダンス。マーヤも、オットー姫も、母も、村人も、魚の化身も、竜魔王も一緒になって歌い、踊る。象も、ワニも踊り、川面からは魚の群れもジャンプする。若きラシュマンと白髪のラシュマンが、CG合成で一緒に踊る。

カメラがゆっくり引いていくと、全体が極彩色の曼荼羅図《まんだら》になっている。

「天声人語」リメイク「はだかの王様」

大声人語

「衣食足りて礼節を知る」は中国の「管子《かんし》」にある言葉。「衣食足りて栄辱を知る」ともいう。たしかに、人はまず満足に暮らせるのが先決だ。だが、足りてしまえば贅沢《ぜいたく》や新奇に走る。食においてはグルメであり、衣においてはファッションだろう▼ファッションの流行り廃《すた》れは早い。以前はそれが普通であり、格好いいと思っていたファッションも、「それはもう流行遅れだ」と言われると急に野暮ったく見えてくるから不思議だ。「なんであんなことをしていたのだろう」と気づき、恥ずかしくなることもある▼ファッションに限らない。誰かに指摘されてはじめて、時代の変化に気づくことがある。パワハラ、セクハラに関しては、も

戦記文学の金字塔

ある日、桃太郎軍がやってきた

平和な島で暮らす鬼たちの村に、突然襲来する桃太郎、犬、猿、雉らの殺戮軍団。仲間を殺され、財産を奪われた鬼たちの生き残りが記す衝撃の手記。著・赤鬼五郎

干戈書店

ツイッターで話題の漫画。待望の書籍化！

「一千一夜後に死ぬシェヘラザード」（1）

累計一千万「いいね！」一億人が泣いた！

アラジンブックス

ミダス王出版

大好評第二弾！

穴に「王様の耳はロバの耳」と叫ぶと心とお肌がきれいになる！

既刊・古代ギリシャから伝わる秘法

穴に「王様の耳はロバの耳」と叫ぶと心がきれいになる！

翻案選書

黒岩涙香

噫無情／八十万年後の世界

巌窟王／幽霊塔

鉄仮面／月世界旅行

原作より面白い。今後も続々刊行。

泰西刊行会

新聞の一面には「天声人語」「編集手帳」「余録」……などの欄がある。あれは、お決まりのパターンに政治・社会の時事ネタを当てはめれば、実は比較的容易に書ける。童話を当てはめれば、きっとこうなる。

うだいぶ社会の認識が変わった。最近話題のポリコレ（ポリティカル・コレクトネス＝政治的・社会的な公正さ）もそうだろう▼世の中には、誰かが「それはもう時代が違う」と声をあげることで間違いに気づくことがある。庶民が生活に苦しむ中、あいかわらず豪華な料亭政治や、談合、天下りを当たり前だと思っている権力者たちはどうなのか▼王様自慢のファッションに、最初に「王様は裸だ！」と声をあげたのは無邪気な子どもだった。本人はもちろん、権力の周辺にいる人々は気づかない。気づいていても声をあげられないのだ▼現代においては、SNSでの一般庶民の声が大きなうねりを呼ぶ。政治家には、礼節を説く前に、自らの時代感覚を改めてもらいたい。

2020・11・1

テレビで話題の番組がDVDブックになりました。

オムスビコロリン装置《スイッチ》

一個のおむすびから始まる意外な展開。お子様の情操教育に、食育にも最適。【全国穴鼠協会推薦図書】

小判鮫舎

あのシンデレラが川柳になった⁉

誹《はい》風《ふう》新《しん》出《で》麗《れ》羅《ら》

「美しさ　ゆえに疎まれ　シンデレラ」
「ガラス靴　はかせてみれば　我が子なり」

いま川柳新時代！

やなぎ書林

子供がなりたい職業 No.1

月刊 YouTuber

楽して儲かる！

特集
「童話やってみた系YouTuber」が熱い！
▶「やってみた、お菓子の家」
▶「やってみた、タヌキの泥船」
▶「やってみた、わらしべ長者」

特別寄稿
「恐れるな。偶然の一致は、よくあること」

迎合書房新社

◎国の名前はいいかげんだ！
◎オーストリアとオーストラリアは何で似てるの？

教養としての「国名の正体」

藤井青銅

絶賛発売中！

1700円　柏書房

「川柳」リメイク「シンデレラ」

誹風新出麗羅《はいふうしんでれら》

川柳は、江戸時代中期の「誹風柳多留《やなぎだる》」から始まる。現在も新聞で「サラリーマン川柳」などが人気だ。連句の形で物語を語ると、きっとこうなる。

壱

美しく　心やさしい　この娘
孝行の　したい時分に　母はなし（※）
泣き泣きも　再婚をとる　男親
新しい　母と二人の　姉が増え
継母《ままはは》は　器量はよいが　意地悪で
姉たちは　器量も悪く　意地悪で
邸内で　知らぬは亭主　ばかりなり
美しさ　ゆえに疎《うと》まれ　シンデレラ
毎日が　掃除洗濯　まるで下女
寝ていても　モップの動く　下女心
ボロボロの　服を着せられ　シンデレラ
屋根裏の　部屋あてがわれ　シンデレラ
毎日が　疲労困ぱい　汗まみれ
先妻の　子は泣き泣きを　よく覚え

弐

お城では　イケメン王子が　適齢期
色男　金と力も　まさりけり
嫁選び　開く行事が　舞踏会
玉《たま》の輿《こし》　狙う娘が　集う会
着飾って　勝負下着の　姉二人
「私こそ」「いえ、私こそ」　姉二人
ただ一人　蚊帳《かや》の外なり　シンデレラ
舞踏会　出かける姉たち　見送って
本当は　私も行きたい　シンデレラ
しくしくと　涙で濡れる　シンデレラ
「泣かないで」　どこから聞こえる　その声は
ボワワンと　煙とともに　現れる
婆《ばあ》さんは　魔法も使い　気も使い
「よい子だね　願い叶《かな》えて　あげようぞ」

参

あら不思議　ただの南瓜《かぼちゃ》が　金の馬車
チュウチュウと　二十日鼠《はつかねずみ》が　白い馬
ちょろちょろと　動く蜥蜴《とかげ》が　供の者
「ありがとう　でもこの服が　継ぎはぎで」
「忘れてた　綺麗なドレスに　変えようぞ」
「ありがとう　でもこの靴が　穴あきで」
「そこもかい　ガラスの靴を　あげようぞ」

しずしずと　お供の者に　手を引かれ
金色の　馬車に乗り込む　シンデレラ
本当は　そこらの蜥蜴に　手を引かれ
くりぬいた　南瓜に乗り込む　シンデレラ
「よくお聞き　私の魔法は　真夜中の
十二時を　過ぎれば全部　消えちゃうよ」
門限を　告げられ馬車は　走りだす

四

お城では　広間で花の　舞踏会
そこかしこ　いずれ菖蒲《あやめ》か　かきつばた

姉二人は　その他大勢　ペンペン草
そこへ来る　白馬じたての　金の馬車
降り立つは　ひときわ輝く　シンデレラ
つかつかと　歩み寄るのは　王子様
「お嬢様　ぼくと踊って　くださいな」

王子様は　もったいないが　騙《だま》しよい
くるくると　踊る二人は　別世界
そこにだけ　スポットライトが　当たるよう
一曲を　終えて王子は　「もう一度」
「いえそんな　私ばかりが　何回も」
二度三度　「お手をどうぞ」と　王子言い
シンデレラ　三回目には　そっと出し

伍

めぐるめく　夢の時間は　過ぎてゆき
「帰らなきゃ　お城の時計　十二時よ」
引きとめる　あの手この手が　浮かばない
王子様　総身に知恵が　回りかね
「これ姫よ　たった一晩　いてくれろ」
振りきって　大階段を　駆け降りる

※「孝行のしたい時分に親はなし」「泣き泣きもよい方をとる形見分け」など『誹風柳多留』の有名句からのリメイクが十数句ある。探してみよう！

「あら大変　ガラスの靴が　ぬげちゃった」
ぐずぐずと　してたら時は　過ぎていき
真実の　姿を王子に　見られると
シンデレラ　片靴のまま　馬車に乗る
残された　ガラスの靴が　一つだけ
靴フェチか　王子はそれを　手にとって
温もりに　頬《ほお》ずりそして　宣言す
「この靴の　持ち主こそが　わが妃《きさき》！」

六

国中に　お妃捜しの　お触れ出る
手掛かりは　ガラスの靴が　ただ一つ
役人が　靴を抱えて　街に出て
ピッタリと　足合う美女を　捜してる
辻々で　靴に足入れ　美女捜し
「我こそは」　名乗るすべてが　偽者で
どの足も　馬鹿の大足　間抜けの小足

この家か　いやこの家かと　尋《たず》ね来て
役人は　シューフィッターかと　ぼやきつつ
靴出して　足見るたびに　ガッカリし

「そういえば　あそこに娘が　三人」と
ひん抜いた　セロリで道を　教えられ
よく聞けば　娘二人に　下女一人
駄目もとで　行ってみるかと　歩き出す

七

この家に　ついに役人　やってきた
姉二人　小躍りしつつ　足を入れ
姉二人　落胆しつつ　足を出す
あと一人　残る娘は　シンデレラ
シンデレラ　ガラスの靴に　足を入れ
あつらえた　ようにピッタリ　足に合う
驚きも　せずに微笑《ほほえ》む　シンデレラ

継母は　腰を抜かして　驚いた
ガラス靴　はかせてみれば　我が子なり
新しく　出《い》でて麗《うるわ》し　羅《ら》をまとい
姫の名は　暴走族なら　新出麗羅《シンデレラ》
「あなたこそ　昨夜の美女だ　本物だ！」
ここを出て　お城においで　くださいと
本物に　なって出ていく　シンデレラ

連続テレビ小説

コツコツ杏《あん》ちゃん

【第八～九週・再会編】

※ここから東京が舞台となる。

○「新生日本商事創立十周年記念パーティー」の会場

歌子がバイオリンを弾いている。多くの社員たちがうっとりと鑑賞している。美人学生バイオリストとして有名な歌子は、アルバイトとしてパーティーやサロンでバイオリンを弾けばいいお金をもらえたのだ。

演奏が終わって、若き社長から誘われる。

「一緒に食事でもどうだい？」

「ええ」

○銀座の街角（夜）

車から降りた歌子と若社長が歩きだしたその時、後ろから小走りにやってきた女とぶつかる。

女は持っていた荷物をぶちまけた。

「ああっ、すみません！」

散らかったのは数冊の本。若社長はその一冊『剛構造設計基準資料集』を拾い、

「難しそうな本だな」

「申し訳ありません。急いでたもんで……」

と謝りながら本を拾い集める女を見て、歌子は叫ぶ。

「杏ちゃん！」

「歌子さん？」

杏だった。垢《あか》ぬけないファッションで、拾い集めた本と製図が入った丸い筒を、大事そうに抱えている。

（ナレーション・杏）――歌子さんと、三年ぶりの再会でした。

○歌子のアパート

訪ねてくる杏。バイオリンのアルバイトで稼いでいるので、学生なのに小ぎれいな調度品がそろっている。歌子はレコードプレーヤーでLPをかける。

「すごい、プレーヤーがあるの？」

すべてが、杏が住んでいる会社の寮とは大違い。

「私は今、東京の建設会社で働いてるの」

「流行のBG（※OLになる以前の言葉）ね」

「そんなに格好よくないの。私、働きながら夜学で……」

「どうしてそんなに一所懸命に？」

仕事と勉強でボロボロになっている杏の生き方が、歌子には理解できない。

「人生、楽しく過ごせればいいじゃない」

「私には歌子さんみたいに才能がないから、こうやってコツコツ頑張るしかないんよ」

（ナレーション・杏）――あとにして思えば、この頃が、歌子さんの一番幸せな時だったのかもしれません。

（つづく）

「よしもと新喜劇」リメイク「ジャックと豆の木」

産むニワトリ

《舞台中継》

○緞帳《どんちょう》が上がると、お馴染み「うどん屋」のセット。安っぽいテーブルで、工員風の男が数名、うどんを食べている。

「ああ、うまかった」「そろそろ工場に戻ろか」と食べ終わった男たちが立ち上がる。

「おっちゃん、みんなの分、まとめてなんぼ？」

白髪のじいさん店主が、

「ええと……あんたがきつねうどんで、こっちが天ぷらうどんで、おいなりさんがあって……まとめてちょうど、百万円」

「ひゃくまん!?」

客、全員がコケる。店員のやすよ（店主の娘）は、持っていたお盆（ステンレス）を落とし、やかましい。

「おっちゃん、百万なわけないやろ」

「ああ、すまんすまん。まとめて千円や」

「びっくりしたわ」「ほな、ごっつぉさん」「また来るで」

一般的に、すでにパターンが確立していて観客に認知され、むしろそれを楽しむエンタメほど、リメイクを受け入れて消化しやすい。よしもと新喜劇はまさに、それだ。「ジャックと豆の木」は、きっとこうなる。

千円払って、客たちは出ていく。

テーブルを片付けながら、やすよは、

「お父ちゃん、百万なんて……」

「すまん、すまん。借金のこと考えてたら、つい」

「ここの家賃溜まってるん？」

「ああ、今まで待ってもろうたが、ついに百万、耳を揃えて払わんと出て行けと」

「困ったわねえ。こんな時、お兄ちゃんがいてくれたら」

「それを言うな。あいつはもうウチの息子やない！」

気まずいので、やすよは回覧板を持って外へ出ていく。

○入れ替わりに、表の通りに、無精髭《ぶしょうひげ》でニッカポッカ姿のうさんくさい男が登場。

「あ、ここや、ここや」

と、手にした紙と店の看板を確認し、店に入って来る。

「求人案内を見て来たんやけど」

「申し訳ない。たしかに従業員を募集してたが、取り消そうと思てたんや」
※「そこをなんとか」と食い下がる男と、断ろうとする店のおやじとの攻防戦。途中、男が「調理師学校を出ている」と言い出し、なぜか男のほうが立場が上になってしまう。
「味見をしてやる」と言いながら、ただでうどんを食べる。「実は経営学校も出ている」とも言い、店の内装がよくない、メニューがよくないと、ダメ出しをする。さらに「ファッション学校も出ている」とも言い、おやじの服装をハサミで切ってメチャクチャにする。

「そない色んな学校出てるんでっか?」

「ああ。散歩してたら学校があったんで、ふらっと敷地内に入って、警備員に怒られて敷地から出て……を繰り返し」

「卒業したんと違うんか?」

「学校を出た、と言うたやろ。卒業したとは言うてない」

と言い訳。男は急に、

「なんでもするから雇って」

と、低姿勢になる。
※……などやっているところへ、やすよが帰ってくる。男は「ファッションがなってない」とさっきのキャラで、やすよのスカートを引きずり降ろそうとするセクハラまがいのひとギャグ。
そこへ出前の電話がくる。

「ほな、わし出前をやるわ」

と岡持《おかもち》を持ち、男は表に出ていく。

「なんやあの男の相手してたら頭おかしなってもうた。ちょっと休んでるわ」

おやじは奥に引っ込む。店にはやすよだけが残る。
○そこへ、表から兄・雀雄《じゃくお》が駆け込んでくる。
「お兄ちゃん!」

鞄《かばん》を大切そうに抱えている。誰かに追われているふう。店の外の道をうかがう。

※一年ほど前、お金に困ったので、おやじは家宝の掛け軸を売ることにした。先祖伝来の「牛の掛け軸」。あの有名な葛飾北斎《かつしかほくさい》……の弟子・葛飾東北東斎の作品だという。最低でも数百万円はすると伝えられてきた。息子の雀雄に売りに行かせた。

※ところが雀雄は道端で怪しい男にあって、
「兄ちゃん、こんな掛け軸、売ったって二束三文や。それより、この株券と交換しよ。ビーン・コーポレーションちゅう会社の未公開株。上場したら、ドーンと値上がりするで」

と言われ、勝手に株券と交換して帰ってきた。

※おやじは激怒。
「アホか。ビーンなんちゃらなんて会社、聞いたこともない。こんなん詐欺《さぎ》や。未公開株なんて紙くずや！」とそれを破って捨てた。「せっかくええ商《あきな》いしてきたのに」と雀雄は怒り、「もうええ、こんな店、つぶれてまえ！」と家を飛び出したのだった。

※以来おやじは「あいつは勘当《かんどう》や。ウチにはもともと、息子はおらん」と言っている。
「お兄ちゃん、ビーン・コーポレーションゆうたら？　いま日の出の勢いの会社やない？」

「そうや。急成長して、いま大阪に通天閣《つうてんかく》より高いビーンタワービルを建てるほどや」

やすよは店の外に出て、書き割りの風景を見る。通天閣より高いタワービルがある。上のほうは雲にかかっている。

「たった一年であんな高いビルを建てるなんて」

「あの時の株券持ってりゃ、今ごろ億万長者や。悔しくて、実はあのビーンタワーの天辺《てっぺん》にあるCEOの部屋に忍び込んだ。そしたら、こんなものがあった」

雀雄は、鞄からニワトリを出す（チープな作り物）。

「こいつは、金の卵を産むニワトリなんや」

「嘘!?」

「ほんまや。俺は隠れて見てた。こいつ、ぽろぽろ金の卵を産むんや。これがビーン・コーポレーションの急成長の秘密やったんや」

そこへ、奥からおやじが出てきて、

「話は途中から聞いとった。お前、盗みを働いたんか！」

「違う。ここで五、六個、金の卵を産んでもらって、そうっと返せばいい」

とその場で「トートートー」とやってみるが、産まない。

「おかしいな。ＣＥＯの部屋で見た時は、メッチャ、金の卵を産んでたんやけど」
○そこへ追手がやってくる。
雀雄はニワトリを抱えたまま、戸棚に隠れる。

追手は、見るからにチンピラっぽい服装でサングラスの三人。ハゲとデブとチビ（三人それぞれ、その身体的特徴を誇張した持ちギャグをやり、いちいち全員がコケる）。

「ここに鞄持った男が逃げてきたやろ？」

「そんな者、来てない。疑うなら、どこでも捜せ」

とおやじは戸棚の前に立ちふさがり、

「ただし、ここだけは捜したらあかんぞ」

あきらかに怪しい行為に、「見せろ」「見せない」の押し問答をしていると、戸棚の中から、
コケコッコー！

と鳴き声がする。

チンピラをごまかすため、やすよは、

「今のはお父ちゃんよ」

とごまかす。おやじはそれに乗って、

「これは、わしがあみ出した『ニワトリ健康法』や」

とニワトリの鳴き声モノマネや、動きマネなどして、ゴマかす。チンピラ三人組にもニワトリ体操なるものをやらせるギャグ。

が、体操とは関係なく戸棚でニワトリが、

「コケコッコー！」

と鳴き、ついにバレる。

戸棚から雀雄とニワトリが引っ張り出される。観念する雀雄、おやじ。
○そこへ、女秘書に案内されて、ビーン・コーポレーションのＣＥＯがやってくる。
「ここか？」

キザな社長キャラ。店に入るときに、持ちギャ

グ（たいして面白くないが、いちおう全員コケる）があって、

「ついに見つけたぞ。大事な金のニワトリを返せ」

「すんません」

観念する雀雄。

○そこへ、刑事がやってくる。
「ついに見つけたぞ。逮捕する」

おやじとやすよは、雀雄に言う。

「罪をつぐなってこい」

雀雄はうなだれて、両手を差し出す。だが刑事は、CEOに向かって、

「詐欺容疑で逮捕する」

「え？　どういうこと？」

と雀雄、おやじ、やすよは疑問。

「この男は、金の卵を産むニワトリという詐欺ビジネスでお年寄りを騙《だま》し、大儲《もう》けしていたのだ」

という刑事の説明に「そうだったのか！」と納得。CEOをはじめビーン・コーポレーションの一味は全員、素直に捕まる。

○そこへ、出前に出ていた男が帰ってくる。
「あんたは！」

と驚くのは雀雄。

「一年前、俺が持ってた家宝の掛け軸と未公開の株券を交換しようといった人」

「あんたやったのか！」

とおやじ、やすよも驚く。

「あの掛け軸は？」

「ああ、これか。こんなもん返してやる」

と腹巻から出す。

「やった！　これで借金が返せる」

と喜ぶおやじ。しかし男は、

「骨董屋《こっとうや》に持っていったら、これニセモノやった」

「ウソや。あの葛飾東北東斎が描いた牛やぞ」

と掛け軸を広げると、描いてあるのは牛の絵ではなく「うし」という下手《へた》な文字。

「こんなん、正真正銘のニセモノや」
※刑事とCEOの追いかけっこ、逃げるニワトリ、掛け軸の押し付け合い……など全員でワチャワチャしてる中、緞帳が降りる。

連続テレビ小説

コツコツ杏《あん》ちゃん

【第十二週・現場編】

○建設現場（字幕「昭和三十八年」）

すでに東京タワーはできている。代々木のオリンピック競技場が建設中。

（ナレーション・杏）――東京の街は、来年のオリンピックに向けて工事がピークを迎えていました。

ヘルメット姿の男たちが怒鳴り声を上げている。

「冗談じゃない！」「こんな図面通りに工事ができるか！」

その輪の真ん中に、ヘルメットをかぶった小さな杏がいた。

「耐震構造上、こうなるんです」

しかし荒くれ者の男たちは、

「余計な手間が増えるだけだ」「女に建築の何がわかる！」

そこへ現れた、若き建築家・丹川。

「蟻本君が正しい。僕は彼女の才能を買って、この部分の設計をまかせた」

新進気鋭の建築家の言葉に、男たちはすごすごと引き下がる。丹川は杏に言う。

「建築はまだ男の世界だ。だがやがて、キミみたいな女性建築家が必要とされる時代がくる」

○資材置き場（深夜）

重機がガガガッと動いている。乗っているのはヘルメットに作業着姿の杏。

「おーし、ネエちゃん、だいぶうまくなってきた。筋がいいぞー！」

傍らに立った男が杏に声をかける。以前現場で杏の図面に文句を言った男だった。作業を終え重機から降りた杏に、「最初は驚いたよ」と男は言う。

ある日、杏が「重機の使い方を教えてください。もっと現場のことを知りたいんです」と頭を下げてきたのだ。以来男の特訓で、杏は毎夜、重機を操作している。

「俺も長年色んな現場でやってきたが、あんたみたいな人は初めてだ」

「女の建築家は少ないですからね」

「いや、そうじゃねえ。俺たち現場のことを知ろうとする人が、だ」

「だって、私は蟻んこですから」

「蟻んこ？」

「ちっちゃな蟻んこでも、大勢集まってコツコツ仕事をすると、大きなモノを運んだり、大きな巣を作ることができます。私も現場のみなさんも、同じ蟻んこです」

「そうか。俺もあんたも同じ蟻んこか」

「はい」とうなずいて、汗をぬぐう杏。しかし汚れた軍手のせいで、顔が黒いくなる。それを見て笑う男。杏は理由がわからず、「？」。

その様子を、建物の陰からじっと見ている人物がいた。丹川だった。

（ナレーション・杏）――私の秘密の特訓を見ていた人がいたなんて、その時はまったく気づきませんでした。

（つづく）

アバンタイトル（※）

○川中島の戦い（永禄《えいろく》四年）

「毘」の軍旗を掲げる上杉謙信《うえすぎけんしん》軍と、「風林火山」の軍旗を掲げる武田信玄《たけだしんげん》軍が入り乱れて戦っている。謙信側に、長槍を振り回す老兵がいる。勇ましい活躍ぶり。

（ナレーション）この男の名は、孫六《まごろく》。上杉謙信のもとで「ばち馬の孫六」と呼ばれていた。「ばち馬」とは小型の馬のこと。それに似て、孫六は小柄だが頑丈で、どことなく愛嬌があった。

孫六は足を滑らせ、崖から転落。足をくじいて動けない。

「いたたた……」

そこへ、敵兵が通りかかる。

（しまった！）

しかし敵兵は見るからにひ弱そう。孫六に向かって刀を構える……が、孫六の顔をじっと見て、なぜかその場を立ち去る。命拾いした孫六。

「助かった……」

※タイトルの前に短いワンシーンがくることを「アバンタイトル」という。

大河ドラマ

「NHK大河ドラマ」リメイク「ブレーメンの音楽隊」

大河ドラマは戦国時代と幕末が人気だ。どちらも、地方の群雄が武力と知力で中央（京都）を目指す……という構図は同じ。最後に覇権を握るのは一人だが、そこに至らず消えた者たちにもそれぞれのドラマがある。「ブレーメンの音楽隊」は、きっとこうなる。

【越後《えちご》・上杉謙信編】

※青年・長尾景虎《ながおかげとら》（のちの謙信）の側に仕え、ともに戦《いくさ》にあけくれる若き孫六。

※景虎は上杉政虎《まさとら》（謙信）となり、家中が大きくなる。殿の周囲には、家格の高い家柄の人々が集まるようになる。家格も低く、学もない孫六は、側近によって遠ざけられていく。

※合戦の怪我で療養している孫六。謙信の側近が「おいぼれのばち馬など、役に立たん」と陰口をたたくのを聞く。失意の孫六は、謙信には断らず一人で旅に出た。

○山深い道を、長槍を抱えた孫六がよろよろと歩いている（元亀《げんき》年間）

（ナレーション）百年に及ぶ戦国の世は、ようやく終わりを迎えようとしていた。孫六が一人で野山を歩いていると、木の根元にごろんと転がっている男がいる。「死体か？」と孫六が長槍でつつくと、「う〜」と声。

「この三日何も食っておらん。何か食い物をめぐんではくれんか」

孫六が差し出すにぎり飯を喰う顔は、かつて川中島《かわなかじま》の戦いで命を助けてくれた敵だった。

「俺はお館《やかた》様（信玄）に、飼い犬のように可愛がられた男よ」と男は言う。

【甲斐《かい》・武田信玄編】

（ナレーション）この男は、甲斐の素破《すっぱ》だった。その情報収集能力は「犬のような嗅覚《きゅうかく》を持つ」と武田信玄に評価された。築城担当の黒鍬組《くろくわぐみ》に対し、黒犬と呼ばれていた。

※黒犬はその嗅覚で、越後、駿府《すんぷ》などの情報を直接信玄に伝える。そのおかげで、信玄は領土を増やしていく。

※黒犬は信玄の持病のことも知っている。ある日、側近が「黒犬はお館様のご病気のことを敵に漏らすのではないか？」と疑う。身の危険を感じて、黒犬は逃げ出した。

○元の山中

孫六が聞く。

「あの時、儂《わし》を助けてくれたのは何故《なぜ》じゃ？」

「死んだ親父殿に似ていたから」

「そうか……」

「あの時救った命に、ここで俺が救われるとはのう……」

と黒犬。

「お互い、主家で用済みとされた身。どうだ、儂と一緒に行かんか？」

「どこへ？」

「尾張《おわり》の織田《おだ》信長《のぶなが》が上洛《じょうらく》したと聞く。京へ行けば、儂らにも働きどころがあろう」

○二人旅になる

ばち馬の孫六と素破の黒犬が歩いていると、突然、激しい雨が降ってきた。二人は荒れた小さなお堂に駆け込む。そこには先客として、巫女《みこ》姿の女がいた。

「あたいは梓巫女《あずさみこ》の猫弥女《ねこやめ》っていうんだ」

【小田原・北条《ほうじょう》氏編】

※小田原城は、北条早雲《そううん》から始まる四代目・氏政《うじまさ》が当主。城下は栄えていた。

（ナレーション）当時は戦にあたって、陰陽師《おんみょうじ》や軍師が占いを行っていた。猫弥女は、神懸かりの呪術を行い、旅芸人や遊女の一面もある「梓巫女」であった。

※「城下に、評判の女占い師がおります」と、家臣が氏政の前に猫弥女を連れてきた。「当家の武運を占え」と命ずる。猫弥女は梓弓を鳴らしながら踊り、占いを語った。

「この城は……やがて他人の手に落ちます」

「なんということを言うのだ！」

「見えます。山に海に、おびただしい数の敵がぐるりと、この城を囲んでいます」

（ナレーション）やがて氏政の子・氏直の時、豊臣秀吉《とよとみひでよし》による小田原攻めが行われ、小田原・北条氏は五代で終焉《しゅうえん》するのだが、神ならぬ身にそれはわからない。

「不吉な占いをするこの女を追放せよ！」

こうして猫弥女は城下を追い出されてしまった。

「あたいは、ただ見えたことを言っただけなんだよ」

「そういうことなら、儂らと一緒に都に行かんか？」

○三人旅になる

ばち馬の孫六と、素破の黒犬、梓巫女の猫弥女は、京の都に向かって旅をする。やがてどこからか声がする。

「見つけたぞ、見つけたぞ」

三人がキョロキョロ周囲を探すと、高い木の上に一人の男がいた。


【駿河・今川《いまがわ》家編】

※今川義元《よしもと》は駿河・遠江《とおとうみ》を制する大大名。かつて、三河《みかわ》の人質・竹千代《たけちよ》に自らの名から「元」の一字を与え、松平元信《まつだいらもとのぶ》と名乗らせた。のちの徳川家康《とくがわいえやす》である。

※今川家中に物見の名人がいた。体が小さく身軽で、遠目が利く。高い木に登り、はるか遠くを見やり「あそこに敵がいるぞ！」と大声で伝える。物見の鶏太《けいた》だ。

※だが、自慢の遠目も雨の中では利かない。その日、鶏太は高い木の上で、西に侵攻する今川勢の斥候《せっこう》をつとめていた。しかし突然の豪雨。その隙をついて奇襲があった。

（ナレーション）若き織田信長による桶狭間《おけはざま》の戦いであった。義元は討《う》たれ、今川家は数年後に滅亡。以来、主君を失った物見の鶏太は今も、用もないのに時々木の上に登り、道行く人々に対し、「見つけたぞ、見つけたぞ」と叫んでいるのだった。

○四人旅になる
「儂らはみんな用済みとなった身だ。しかし都に行けばもう一度、活躍できるかもしれん。どうだ、一緒に行かないか？」

こうして、ばち馬の孫六と、素破の黒犬、梓巫女の猫弥女、物見の鶏太は旅を続ける。


【夜盗編】
○森の中（夕暮れ）
道中のある日、四人は道に迷う。今夜は野宿か？　鶏太はするすると木に登った。

「見つけたぞ、見つけたぞ。遠くに家の明かりがある」

その場所にやってくると、ぽつんと一軒の家があった。灯がともされ、中では夜盗たちが酒盛りをしていた。「この夜盗を退治しようではないか」と相談がまとまる。
○武齢免の大入道
ばち馬の孫六を土台に、その上に黒犬が乗り、さらに猫弥女が乗り、さらに身軽な鶏太が乗った。全体を枯草と藁《わら》で覆い、大入道《おおにゅうどう》を作った。鶏太が「見つけたぞ、見つけたぞ」と叫ぶ。猫弥女が梓弓を不気味な音で鳴らしながら、家を襲った。

「民《たみ》百姓を苦しめているのは、お前たちか！」

驚いた夜盗たちは逃げ出した。

四人は、残された酒や料理を食べ、その夜は暖かい家の中でぐっすりと眠った。翌日、付近に住む百姓たちが訪ねてきた。わずかな米や野菜などを持って、

「夜盗を退治していただきありがとうございます。あいつらはまたやってきます。どうかずっとこの村にいて、わしらを守ってくだされ」

ばち馬の孫六は、他の三人に言う。

「なあみんな、どうだろう。都に行って新たな殿に仕えるのも人生かもしれんが、この地で民百姓たちを守って暮らすのも人生かもしれん」

（ナレーション）四人は都に行かず、この地で暮らすことにした（※）。

戦国の世、一握りの勝ち組の陰に、志《こころざし》半ばに終わった多くの者たちがいた。麻《あさ》と乱れた戦国時代が終わるまで、あと二十数年を要するのであった。

（完）

来年の大河ドラマ「幕末白雪姫」をお楽しみに。

※「ブレーメンの音楽隊」も、結局ブレーメンにはたどり着かない。

「ネット美談」リメイク「みにくいアヒルの子」

ネットに書き込まれる「美談」にはパターンがある。外見は怖い不良が意外にやさしかったとか、親や祖父母の心遣いに亡くなったあとで気づくとか。そしてたいてい「号泣」する。最短で感動を得たいエンタメとなっているのだ。「みにくいアヒルの子」だと、きっとこうなる。

234：**名無し@馴れ合い**：2002/09/14(土) 15:58:05 ID:a239u11r
「S君の話」
俺が小学校の時、クラスにS君という
ちょっと発育が遅れた男の子がいた。
勉強もできなかったし、体が小さかった。
言葉も変だったから、なんか障害もあったのかもしれない。
家も貧乏だった。

235：**名無し@馴れ合い**：2002/09/14(土) 16:01:02 ID:a239u11r
みんなはいつもS君をいじって遊んでた。
今だと、いじめだと思う。
靴を隠したり、給食の牛乳をかけたりもした。
いつもS君はへらへら笑っていたから、
みんな面白がっていたんだ。俺も。

236：**名無し@馴れ合い**：2002/09/14(土) 16:04:35 ID:a239u11r
中学は別に進んだから、S君がその後どうなったか知らない。
成人式の時友達から、S君はその後
美術の学校に進んだという話を聞いた。
展覧会で賞もとったという。
なんかの発達障害で、実は絵の才能があったらしい。
小学校の時はそれがわからなかったんだ。

237：**名無し@馴れ合い**：2002/09/14(土) 16:08:22 ID:a239u11r
それから、その小学校のクラス会があった。
みんなは、S君は俺たちのこと恨んでいるだろうなという、
ちょっとした罪悪感を感じながら参加した。

238：**名無し@馴れ合い**：2002/09/14(土) 16:15:40 ID:a239u11r
S君はちょっと言葉に障害があるけど、立派な大人になっていた。
「今日はあの頃のことを思い出して絵を描いてきた」と言った。
その絵はすごく上手な油絵で、
小学校の時のみんながニコニコ笑ってる絵だった。
「あの時は一緒に遊んでくれてありがとう」みんな号泣した。
そのS君は今は立派な画家になっている。

連続テレビ小説

コツコツ杏《あん》ちゃん

【第十五週・結婚編】

○結婚式会場

　杏と丹川の結婚式。不器用だけどコツコツと仕事に取り組んでいく杏に丹川がほれ込み、結婚となったのだ。しかし、披露宴会場の新婦側友人席。「霧乃歌子様」とカードが置かれた席に、歌子の姿はない。

○歌子の人生

　歌子は音楽学校を出た後、華々しくデビューした。その美貌も手伝って、最初は「新進バイオリニスト」として好評をもって迎えられる。けれど、しょせんは若さゆえの人気。プロの世界は甘くはなかった。人気にあぐらをかき、真剣に練習をしないので、しだいに評価が下がっていく。

※とあるオーケストラの指揮者。演奏者のリストを見て、「この人を外してくれ」と言う。それは霧乃歌子。「彼女の演奏はこのオーケストラのレベルに達していない」と。

※ある日の「霧乃歌子バイオリン・リサイタル」。

　ステージの幕が上がると、お客さんは数人しかいない。これまではいつも満員だったのに……。歌子はショック。演奏を始めたものの、気乗りがしない。ついに途中で演奏をやめ、帰ってしまう。その行為が悪評を呼び、さらに仕事が減ってくる。

※失意の歌子は、自宅でアルコールに溺れている。そこへ、杏の結婚式披露宴の招待状が届く。歌子はそれを読み、無表情にゴミ箱に捨てた。

※こうして次第に、杏と歌子は音信不通になっていったのだった。

○丹川家（一年後）

　理解のある夫は、杏を家庭にしばりつけなかった。杏は大手の設計事務所に勤め、少しずつコツコツと実績を積み上げていた。

　夫が海外の建設コンペで出張中の日曜日、家に義母がやってきた。

「杏さん一人じゃ寂しいだろうと思ってね」

とケーキを手《て》土産《みやげ》に、お茶を飲む。

「うふふ。ホントは私が寂しいの」

嫁姑の関係は良好だった。一緒にぺちゃくちゃ楽しくおしゃべりしていると、杏は急に気分が悪くなる。

「うっ……」

杏は口を押さえて洗面所に走る。それを見ていた義母が、

「杏さん、あなたひょっとして？」

（つづく）

刑事ドラマは、基本的には殺人事件の犯人をつきとめる話だ。人気シリーズの場合、レギュラー陣のキャラ・人間関係もできあがっている。なので、どんな題材をはめ込んでも、それなりに形になる。「三匹の子豚」だと、きっとこうなる。

「刑事ドラマ」リメイク
「三匹の子豚」

窓際刑事《デカ》 神野彗里 Season 8 煉瓦の家

○とある路上

男の死体が発見される。高い場所から落ちての墜落死のようだ。

黄色い規制テープをくぐって駆けつけたのは、警視庁の衿糸《えりいと》刑事。

「こいつは大上《おおかみ》という男だ。いろんな企業の弱みを握って脅《おど》すゴロツキ。恨みを買って、誰かに突き落とされたか？」と、隣のビルの屋上を見上げる。

しかし、たまたま近くを通りかかった警視庁特殊事件整理課（別名・窓際課）の神野《かみの》彗《すい》里《り》刑事が疑問を持つ。死体の様子を見て、目がキラリと光る。

○警視庁・会議室

ホワイトボードの中央に大上の写真。それを中心に、関係人物の相関図が書かれていて、それぞれに写真が貼られている。

「大上に弱みを握られ、脅された企業は過去にいくつもある。潰《つぶ》れた会社もある」と衿糸刑事。「動機のある連中を探れ！」

一斉に散る刑事たち。無人になったホワイトボードの前に、ふらりとやってくる神野刑事。それを眺めて、「ふう～ん……」。

○容疑者たち

捜査班は、大上が死んで喜ぶ容疑者数人を探し出す。

大上のせいで会社が潰れ、今は駐車場の整理係をやっている元社長。

「あいつに人生を狂わされた。そりゃ殺してやりたい。だけど、私はやっていません」

×　×　×

ある大企業の役員室。刑事に応対する役員は顔を曇らせる。

「たしかにかつて、あの男に会社のスキャンダルを握られ、脅されたことはあります。しかし、金で解決がついてます。あ、刑事さん、この件はぜひご内密に」

×　×　×

かつて大上と同棲していた元愛人のキャバクラ嬢。

「あの男が死んだ？　ハハハ、いい気味よ。バチが当たったんだわ。あたし？　関係ないわよ、もう顔も見たくない。それより刑事さん、遊んでかない？」

○自殺か？

殺人の動機がある人物は複数いた。しかし、みんなアリバイが成立する。

最近の大上はカモにする企業もなく、金に困っていた。借りた金が焦げ付き、暴力団による取り立てに怯《おび》えていた。行きづまったあげくの、発作的な投身自殺か？

ここで、神野刑事による神の推理が冴える。

「大上によって潰れた会社のうち、二つの会社は社長が兄弟です。一つはストロー商事、もう一つは㈱ウッディ」

「そんなことはわかってる。しかし、二人とも完璧なアリバイが成立するのだ」

と衿糸刑事。しかし神野刑事は、

「この二人は三兄弟の長男と次男です。三男は別の会社のＣＥＯをしています」

それはコンピューターウィルスの防御ソフトで急成長しているＩＴ企業「ファイヤーウォール・コーポレーション」。

「なぜか、この会社だけは大上に食い物にされていません」

○いつもの小料理屋

色っぽい女将《おかみ》が、神野の相手をする。

「私の友達のスマホ、スパイソフトに乗っ取られたんですって。怖いわねえ」

「女将のは大丈夫なんですか？」

「なんかね、防御ソフトってのが入ってて、勝手にやっつけてくれるみたい」

「勝手に？」神野刑事の目が光る。

○煉瓦《れんが》造りの洋館で

いろいろあって、神野刑事は三男の自宅に、関係者全員を集める。二人の兄は現在三男の会社で働いていた。最新のハイテク企業のＣＥＯなのに、自宅は古めかしい煉瓦造りの洋館。リビングに立派な煉瓦の暖炉がある。

「大上は、手に入れたスキャンダル情報で、ＣＥＯであるあなたを脅そうとした」

と神野刑事は、独演会状態でその推理を開陳する。

「おたくの防御ソフトの特徴は、わざと一か所、プログラムの穴を作っておく。ハッカーがそこから侵入すると、つかまるようになっている。それを、実際の家にも使ったんだな」

＊

《再現シーン》

深夜。大上は煉瓦造りの邸宅にやってくる。が、どこからも侵入ができず、途方にくれる。だが屋根を見上げてにやりとする。煙突から侵入する大上。が、たまたま手が滑って一気に落ちて、墜落死。暖炉でその死体を見下ろす三男。

＊

「兄二人はありもしないスキャンダルを大上の耳に入れ、弟の会社を狙わせた。大上をおびき寄せ、勝手に侵入させて、殺すためだったんだな？」

三兄弟は観念して、大上殺しを白状する。

「どうしてわかった？」という衿糸刑事に、神野刑事は、

「最初、大上の死体を見たとき、洋服にかすかに煤《すす》がついていたんです」

○警視庁窓際課

一件落着後、部屋で好物のココアを飲んでいる神野刑事。

「うわ！」

と騒ぐ同僚の刑事。操作してるパソコン画面がウイルスプログラムにやられている。

「ファイヤーウォール・ソフトを入れないからですよ」

と神野刑事は澄まし顔。慌てる同僚刑事と対比したストップモーションで、ＥＮＤ。

連続テレビ小説

コッコッ杏《あん》ちゃん

【第十七週・子育て編】

○太田黒設計事務所・設計課

　製図板を前に仕事をしている杏。同僚は男ばかり。

　電話が鳴り、杏がとる。

「はい……丹川は私です……え？　マリナが？」

＊

　保育園。保育士の女性が電話している。

「お熱があるようなんです。早めにお迎えに来ていただいたほうが……」

　後ろで、杏の娘・マリナ（少女時代を演じた子役の実の妹。似ているので話題になる）がソファーでぐったりしている。頭に氷嚢《ひょうのう》。

＊

　元の設計課。

「わかりました。できるだけ早く……うかがいます」

　課長は、あからさまに嫌な顔をしている。

　電話を切った杏はその課長の前に行って、頭を下げる。

「いいんだ、いいんだ。お子さんが心配だろう。早く行ってやんなさい」

「申し訳ありません」

「なあに、君の遅れの分は、他の誰かがやりゃいいんだからな」

と嫌味っぽく室内を見回す。

　設計課のドアをしめ、廊下に出た杏。部屋の中から、課長の声が漏れてくる。

「まったく……いくら仕事はできても、女ってのは色々めんどくさいなあ」

　杏、悔しくて下唇をかむ。

○保育園

「ママ～！」と、喜んで杏に抱きつくマリナ。

　杏はその額に手をあて、

「あら？　そんなに熱はないみたいですけど……」

　保育士は、

「ママが来てくれると聞いたら安心して、お熱のほうも下がってきまして」

「ねえ、ウチはどうしてフミちゃんちみたいじゃないの？」

「フミちゃんち……って？」

　保育園での仲良しだった。

「フミちゃんちは、いつもママがお家にいるって」

「それは、フミちゃんちのママのお仕事がお魚屋さんだからよ」

「ウチも、ママがお魚屋さんだったらよかったのになあ……」

「……」

（ナレーション・杏）――当時、働く女性は増えてきたけれど、その環境はまだまだ厳しかったのです。

　杏は、マリナをぎゅっと抱きしめる。

（つづく）

転生したら茶釜だった件

「異世界転生ラノベ」リメイク
「ぶんぶく茶釜」

異世界転生のラノベやコミックは、現在異常なほど多く存在する。あきらかにゲーム文化の影響だろう。こういうSF小説は昔からあった。いや、童話やむかし話こそがその先祖かもしれない。「ぶんぶく茶釜」は、きっとこうなる。

○死亡～そして転生～

俺は、なんということもない普通のタヌキ。親の巣穴を出て、一応一人暮らし、てか一匹暮らし。

昔はこのあたりは里山《さとやま》とか言われて人間がうろついていたらしいけど、今は過疎《かそ》化とかで人がいなくなり、俺は気ままなタヌキライフを送っている。ところがそこへ、木立の向こうから音が、

ガサッ、ガサッ。

（ん？　なんだ人間の気配？）

見ると猟銃を持った男が二人。

「最近はジビエブームで、猪《いのしし》とか鹿肉が人気で高く売れる」

とか言いながら山に入ってきた。

そうか。ジビエか。しかし、猪とか鹿が人気ってことは、俺たちタヌキは格下ってことか？　なんかムッとする。まあ、狙われないのはいいことだけど。でも、見つかると面倒だからそうっと逃げよう。と思って動いたら、思いのほか枯草の音がしてしまった。

「何かいるぞ！」

「どこだ？」

「あそこだ！　撃て！」

「――ダーーーーン！――」

もしかして……撃たれちゃった？

撃たれて死ぬとか、ないわぁ……

《確認しました。対熱耐性獲得……成功しました》

《確認しました。防錆《ぼうせい》耐性獲得……成功しました》

《確認しました。骨董《こっとう》美術性獲得……成功しました》

（ちょ、お前、さっきから何言ってるんだ？）

あっけなく、俺は死んだ。

だがこの時、タヌキの〝魂〟は、異なる世界の同一時空に偶然発生した古物魔性とリンクしたのだ。本来有り得ぬ天文学的確率で、タヌキは、異なる世界に転生する事となる。

なんということもない普通の人生だったなあ……いや人生じゃない、狸生か？

それにしても、背中が熱い。熱い、熱い、なんだこれ？　熱すぎる……


「あちっ、あちっ、あちちちー！」


目が覚めると俺は、茶釜になって火にかけられていた！

隣りに坊主がいる。ここは寺か⁉

○骨董価値向上編

茶釜に転生したタヌキは、このあとお寺の坊主（龍念和尚《りゅうねんおしょう》）を従え、古道具屋のヴェルティークから魔法の茶筅《ちゃせん》、金の茶さじ、回復の茶葉などを仕入れる。

そして悪の骨董商人とか、茶道魔人軍団（センノリキュー魔王、タケーノ女王、ムラタジュコー）とかと戦う。

途中、旅の大道芸一座と合流して、綱渡りの特技を身につける。そして、伝説の黄金郷にあるという幻の古寺を目指す大冒険を繰り広げるのであった。

※おそらくこんな「世界」なんだと思うのですが、作者（藤井青銅）がオッサンのため、異世界転生モノはよくわかりません。間違っていたらゴメンナサイ。

「ラジオ深夜放送」リメイク「北風と太陽」

ラジオはパーソナリティの姿が見えない。だから特に深夜放送では個人的なことをしゃべりがち。そこが人気になっている。姿が見えないということは、声さえあれば誰でもできるわけだ。北風と太陽は、きっとこうなる。

北風　北風と、
太陽　太陽の、
二人　**「オールナイトニッポン！」**（タイトルコール）

TM（ビタースイート・サンバ）　CI ～ BG

北風　始まったぜ。ヒュ～～～～～！
太陽　あ、そういうのいらないらしいよ。スタッフが言ってた。キャラはいらない。ラジオは普通にしゃべってくれればいい、って。
北風　え、そうなの!?
太陽　だから普通に自己紹介しましょう。どうも！　僕たち「北風to太陽」というコンビです。どう？　いまこうしてしゃべってて興奮しない?　だってオールナイトニッポンのテーマ曲だよ。これにのってしゃべるの憧れだったよねえ。
北風　あ、そういうのもいらないらしいよ。スタッフが言ってた。初めてこの番組やる人、みんなそれを言うんだって。「オールナイトニッポン初登場あるある」。
太陽　恥ずかし～～～！
北風　真っ赤になってる。
太陽　太陽だからな。
北風　この番組は、リスナーと電話つないでしゃべる。そしてリスナーのことは「旅人」と呼ぶ。人はみんな、人生という旅の旅人だぜ。
太陽　おっ、北風さん、詩人！
北風　電話をつないで、隠してる心のベールを脱がして、丸裸にしようという企画だ。俺が厳しい言葉でガンガン攻めて、真実の自分に気づかせてやる！
太陽　じゃ僕は、やさしい言葉で心をほぐして、本当の自分を見つけさせてあげる。
北風　はたして、どっちが旅人の心を丸裸にできるか。勝負だ！
太陽　僕たちとしゃべりたい方は、メールでご応募ください。（※メールアドレス告知）
北風　「第一の旅人」は、CMのあとで登場だ。お楽しみに！

太陽　〈提供クレジット〉　※別紙

北風　じゃ、一曲目いきましょう！（曲紹介）

M1　（北風と太陽／E-girls　4′35″）

C M ①

「詩・格言」リメイク「青い鳥」

むかし話・童話のエッセンスを煮詰めてテーマのみを取り出すと、結局、道徳的ポエムや警句のようなものになってしまう。もっともらしい言葉ではあるが、実は大喜利と同じである。「青い鳥」は、きっとこうなる。

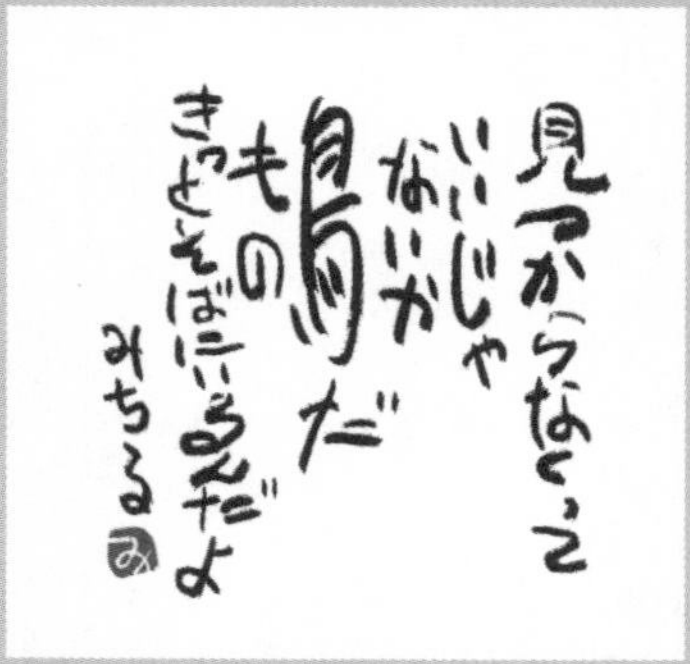
見つからなくて
いいじゃ
ないか
鳥だ
もの
きっとそばにいるんだよ
みちる

人生訓詩

お寺の掲示板

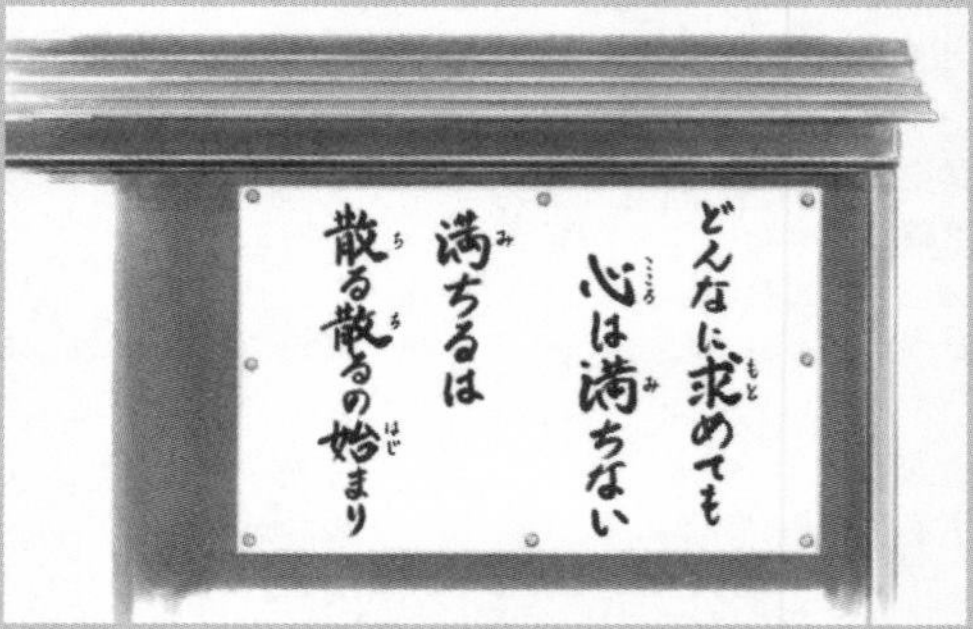
どんなに求《もと》めても
心《こころ》は満《み》ちない
満《み》ちるは
散《ち》る散《ち》るの始《はじ》まり

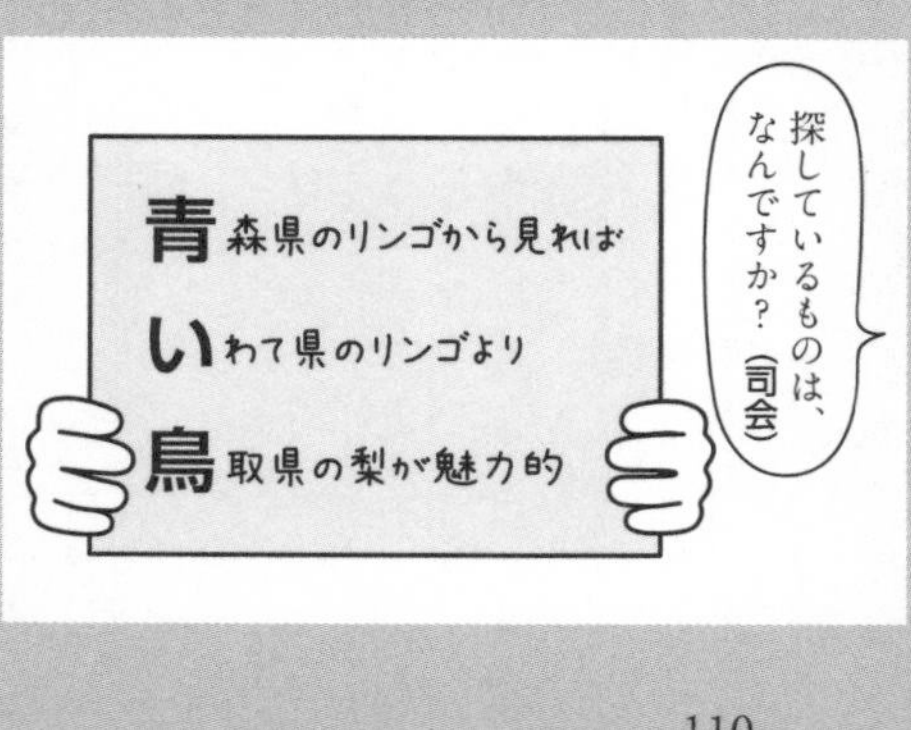
探しているものは、なんですか？（司会）
青森県のリンゴから見れば
いわて県のリンゴより
鳥取県の梨が魅力的

大喜利

「ミュージカル」リメイク

「田舎のネズミ都会のネズミ」

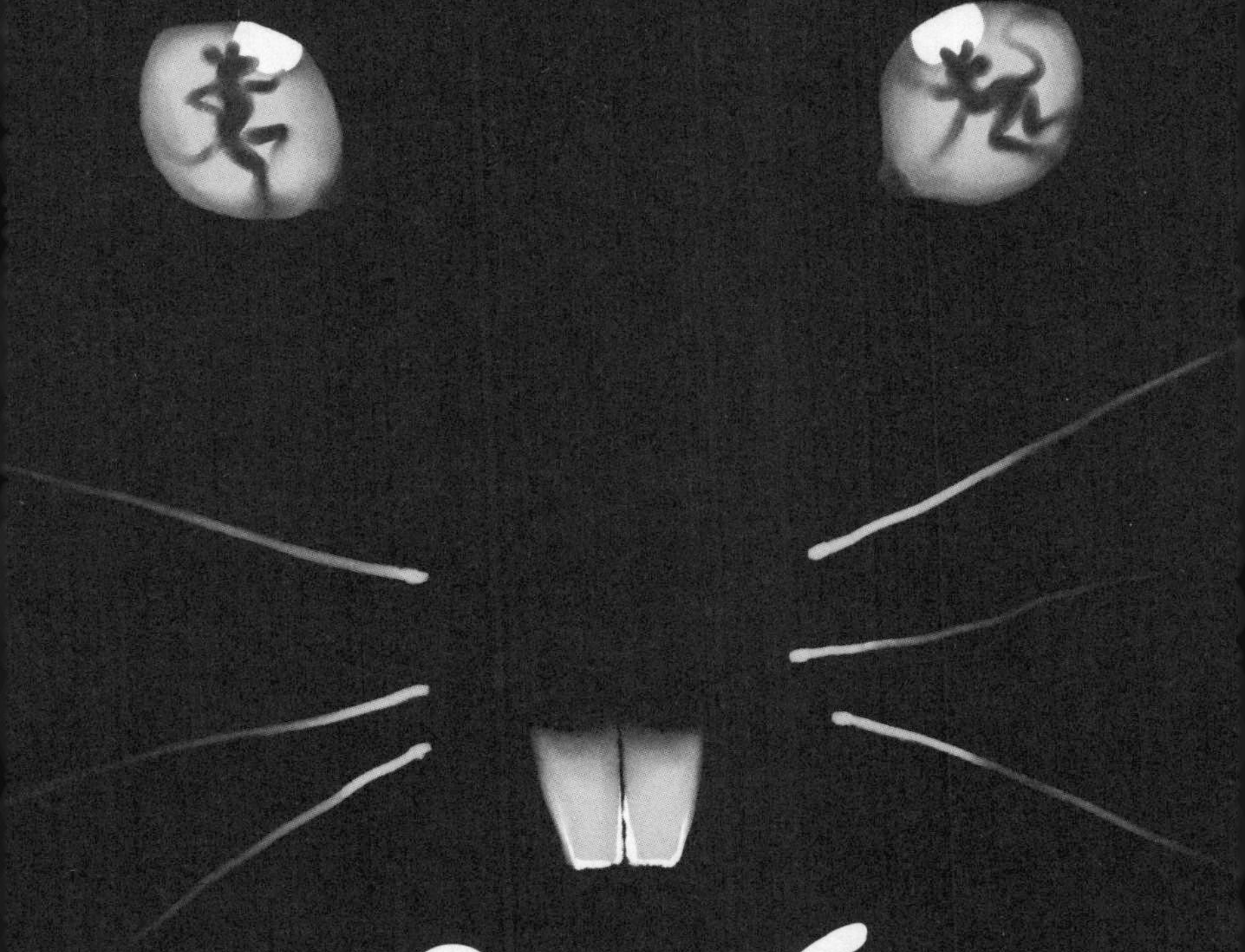

むかし話・童話とミュージカルは相性がいい。ストーリーがシンプルで、歌とダンスを入れる余地があるからだ。日本オリジナルだとつい子供向けを作ってしまうが、ブロードウェイやウエストエンドだと大人向けのものを作る。そして、世界に展開する。「田舎のネズミ都会のネズミ」だと、きっとこうなる。ヒットしたら、さらに映画にリメイクされる。

○舞台は田舎の田園風景
　客席からネズミの格好をしたキャストたちが続々登場。みんな田舎っぽく麦藁《むぎわら》帽子をかぶったり、首にタオルを巻いたり、オーバーオールで鍬《くわ》を持ったりしている。

　夜だ。空気は澄み渡り、夜空には煌々《こうこう》と月が輝いている。月明かりの中、田舎のネズミたちの舞踏会。みんなで木の実を集めたり、野菜を引っこ抜いたり、ドングリやトウモロコシを食べたり。

　そこに一匹だけ招待された都会のネズミ。おしゃれなタキシードを着ている。

「きみたちはいつも、こんな寂しい場所で、こんな粗末なものを食べてるのかい？」

　とバカにする。

○そこで、田舎のネズミ一匹ずつが順に「田舎のここが素晴らしいダンスと歌」を披露
♪星空がきれいダンス　空気がおいしいダンス
　野菜が新鮮ダンス　夕焼けがきれいダンス……
　しかし都会のネズミはまったく心を動かされず、
「チーズとかケーキとかはないのか？」
　そこへ一匹のヤモリが現れる。田舎のネズミたちは大喜びで追いかけ、つかまえる。
「今夜はごちそうだ！」
♪「ヤモリー」
　ヤモリー　あおぎみて月を
　野山を辿《たど》り　草むらの中
　出逢えるよ　幸せの田舎で　新しいごちそう
　だが都会のネズミはあきれ、
「ボクが住んでる都会へおいで。ネズミのアーバンライフを見せてあげるよ」

〈休憩〉

○舞台は都会の風景に変わる
　今度も客席からネズミの格好をしたキャストたちが続々登場。みんな都会っぽくおしゃれな服装。タキシードやドレス、キラキラ輝くアクセサリーをつけたり、ステッキを持ったりしている。

　夜だ。ネオンの明かりの中、都会のネズミたちの舞踏会。テーブルの上には肉、ケーキ、チーズ

などのごちそうが並んでいる。

そこに一匹だけ招待された田舎のネズミ。あいかわらずダサい服装。

「なんだかキラキラしてて、めまいがする」
○都会のネズミ一匹ずつが順に、「都会のここが素晴らしいダンスと歌」を披露
♪ネオンがきれいダンス　活気があるダンス　食べ物がおしゃれダンス　毎日がパーティー・ダンス……

しかし田舎のネズミは空を見上げ、

「ところで、空にお月様も星も見えないけど……」

「これは、都会名物のスモッグという素晴らしいくもり空さ」

♪「くもりー」

くもりー　あおぎみてネオン
街角を辿り　スモッグの中
出逢えるよ　幸せの都会で　美しいごちそう
いよいよごちそうを食べようというその時、人間たちが現れる。「ネズミだ！」「捕まえろ！」

「うひゃ、逃げろ！」

追われて逃げ回るネズミたち。ようやく巣穴に逃げ込む。と、今度は猫がやってくる（キャッツから客演）。「ナーゴ！」

「逃げろ！」

やっぱり逃げ回るネズミたち。
○結局、腹ペコのまま。田舎のネズミは、おみやげに持ってきたドングリを都会のネズミにあげる
「粗末な食べ物だけど、これで豪華なケーキを食べたつもりになっておくれ」
♪「つもりー」
つもりー　ごちそうのつもり
満腹のつもり　暮らしていけば
それぞれが　田舎と都会で　楽しくすごそう
「都会も大変だね。ぼくは田舎で、自分に合った暮らしをするよ」
と田舎に帰っていく。

連続テレビ小説

コツコツ杏《あん》ちゃん

【第二十二〜二十四週・平成編】

○新聞記事

杏が設計したコンサートホールが有名な建築賞に輝く。「女性らしい気配りが随所にある」との評価。子育てをしつつ、夫の丹川設計事務所を助けてきた、との記事。

○歌子の人生

美人バイオリニストとして華々しくデビューした歌子。しかしその人気にあぐらをかき、真剣に練習をしないので次第に評価が下がっていった。

やがてバイオリニストの表舞台から消えた歌子は、パトロンと結婚。だが夫には浮気癖があり、あやしい商売にも手を出して破産。離婚した。

しかし美人の歌子には、すぐに手をさしのべる男が現れ、銀座のバーの雇われマダムとなった。男の愛人である。男は「女房とは別れる」と言うが、歌子は信じていない。

そんな歌子が手にした新聞に、杏の記事が載っていたのだ。

○丹川設計事務所

「おめでとう、杏ちゃん!」

と訪ねてきたのは歌子。長年の生活やつれで、老けて見える。

「コツコツやってきて、ついに立派な賞を取るようになったのね。ねえ、覚えてる? あの頃、放課後の教室で……」

＊

《女学生時代の放課後（セピアカラーでの回想）》

「ふうん……たとえば、大きなコンサートホールとかも?」

「そう! いつか歌子さんのためにコンサートホールを作れたらええなあ」

＊

「懐かしいわあ」

杏は思い出にうっとり。

すると突然、歌子はバイオリンケースを取りだす。

「あなたが作ったホールで、私のリサイタルを開かせてくれない?」

歌子はバイオリンを弾く。しかしミスが多く、素人《しろうと》の耳にも、もうずっと弾いていないことがわかる。

歌子は途中で演奏をやめ、突然頭を下げる。

「かつての霧乃歌子復活リサイタルって銘打てば、お客さんが入ると思うの。そしたら入場料もいっぱい入る! 一回だけでいいの。お願い!」

しかし、杏はゆっくり首を振った。

「私が知ってる歌子さんのバイオリンは、そんなんじゃない。今の演奏は、あのホールにふさわしくないわ」

（ナレーション・杏）――私は、歌子さんのために、心を鬼にしました。

（つづく）

＊

「スーパー戦隊」リメイク
「ハーメルンの笛吹き」

スーパー戦隊モノはメンバーが5人で色分けされるという明確なパターンがある。これまで見てきたように、堅固なパターンを持つジャンルほど、どんな元ネタでも飲み込んでしまう。「ハーメルンの笛吹き」は、きっとこうなる。

○書店

バイト店員の赤星《あかほし》。長髪、細身でカッコいい。手作りのポスターを壁に貼っている。

《こどものための、童話読み聞かせ会》

そこへコミックを買いに来た小学生の少年。千円札を出す。赤星はレジでお釣りを渡そうとする……と、少年は急に目がうつろになり、ふらふらと店を出て行く。

「坊や、おつりだよ！　どこ行くんだ？」

○ゲームセンター

男の子がゲームをしている。と、急にぼーっとし、「行かなきゃ、行かなきゃ……」とつぶやき、ふらふら外に出て行く。近くのゲーム台で遊んでいたぽっちゃり体形の黄島《きじま》は不審に思い、後をつける。

「あの子、どこへ行くんだ？」

○TV局のスタジオ

幼児番組の収録中。歌のお姉さん・桃美《ももみ》の歌に合わせて、多くの子供たちが踊っている。ところが急に、子供たちは動きを止める。目もうつろ。ぼーっとして、誰かに促《うなが》されるようにぞろぞろとスタジオを出て行く。

「待って！　みんなどうしたの？　どこへ行くの!?」

○ニュースを読むアナウンサー

「都内各地で子供たちが行方不明になる事件がおきています。目撃者によると、子供は急に目がうつろになり、どこかに向かって行くとのことです」

○地球防衛隊・ドーシンの指令室

スマホでその動画ニュースを見ている、赤星、青池《あおいけ》、緑森《みどりもり》、桃美。

「どうして、各地から、子供たちが……」

そこへ、白髪の博士がやってくる。

「諸君、わかったよ」赤星が持ってきた、書店の防犯カメラ映像を再生する。

《目もうつろな少年が。ぼーっとして、ふらふらと店を出て行く。叫ぶ赤星、「坊や、おつりだよ！　どこ行くんだ？」》

「この少年は、何かを聞くような仕草のあと、おかしくなっている」

「でも博士、あの時何も聞こえませんでした」と赤星。

「うむ。そこで、この映像を消し、音声だけを解析してみた」

ディスプレイにオシログラフが出る。同じシーンの音声だけが再生される。

「ここを見てごらん」

会話とは離れた高い位置に、周波数の波があった。

「モスキート音を知っているか？　若者には聞こえるが、大人になると聞こえなくなる高い周波数の音だ。これは超モスキート音だ。小学生以下の子供にしか聞こえない」

「なんと言ってるんですか？」

「大人にも聞こえるよう、周波数変換してみた」

その高い位置の周波数が下の位置に下がり、ゆっくり再生される。不気味な声で、

《地球の子供たちよ、ハーメルン様がお呼びだ。すぐ集まれ》

「悪の組織・ハーメルン星人だ！」

「ところで、黄島隊員はなぜいないんだ？」

○ハーメルンの地球秘密基地
大勢の子供たちが、朦朧《もうろう》とした意識のまま集まっている。それを前にして総統が、

「いよいよわがハーメルン星人による地球征服の時が来た。子供たちよ、お前たちはその手先となって働くのだ」

それを、黄島がこっそり覗《のぞ》いているが、うっかり物音をたてる。

「そこにいる大人は、誰だ？」

○総統の部屋
黄島が壁に鎖でつながれている。総統と、黒全身タイツのハーメルン星人たち。

「どこから忍び込んだ？　言え！」

ムチをピシッ！……とそこへ、

「待った！」

乗り込んでくる四人のスーパー戦隊。それぞれ名乗り（※）と変身ポーズを決める。

赤星は、「天に輝く星の輝き……メルヘン・レッド！」変身すると、なぜかその周囲にキラキラとお星さまが出現。

緑森は、「フィトンチッドのそよぐ風……メルヘン・グリーン！」変身すると、周囲にさわやかな風が吹く。

青池は、「闇を払う光の力……メルヘン・ブルー！」変身すると、周囲がまぶしく光る。その光の力で、黄島をつないでいた鎖が切れる。

助けられた黄島は、「夢さえあればなんとかなる……メルヘン・イエロー！」変身すると……とくに何もおこらない。

そして桃美は、「蕾《つぼみ》はやがて花開く……メルヘン・ピンク！」変身すると、なぜかその周囲に色とりどりの花が開く。

五人そろって、決めポーズ、「〝本当はちょっと怖い童話〟から子供たちを守る……われらはメルヘンジャー！」

五人の上に、なぜかきれいな虹《にじ》が架かる。

総統は、「おのれ、巨大メカで勝負だ！」

○採石場のような場所

あちこちでドッカン、ドッカン爆発している。敵の巨大メカが暴れている。

追いかける五人が乗ってきた車、飛行機などのメカが念入りに時間をかけて合体すると、

※歌舞伎の流れを汲む戦隊ものの様式美。名乗り中には攻撃されないことになっている。

巨大ロボットになった。

「くらえッ！　メルヘンスター！」

星型の手裏剣メカを投げる。

「ブリザードアタック！」

胸から強力な風が吹き出す。

「とどめだ、フラワーストーム！」

膨大な量の花びらが渦巻き、メカの吸気口を塞《ふさ》いで自爆させる。ドッカーン！

……とメルヘンなわりに荒っぽい行為で、敵の巨大メカを倒す。

「うぬぬ、憶えていろ、メルヘンジャー。まだ地球征服はあきらめないぞ」

総統は去っていく。

○数日後。書店

《こどものための、童話読み聞かせ会》のポスター。

赤星が童話を読んでいる……が、読み方が下手《へた》くそで、やたら言葉を間違える。数人いた子供たちは飽きて、どんどん帰っていく。

心配で様子を見に来ていた青池、緑森、黄島、桃美は「あ〜あ」と頭を抱える。

（ナレーション）〝本当はちょっと怖い童話〟から子供たちを守るため、頑張れメルヘンジャー！

次回予告「踊り続けろ！　恐怖の赤い靴怪人」

連続テレビ小説

コツコツ杏《あん》ちゃん

【第二十五～二十六週・令和編】

※少女編で好評だった子役が、孫娘役で出演。杏は無理のある老けメイク。白髪なのに、肌はつやつやしている。

○とある公園の片隅(冬)

　寒空の下で、バイオリンを弾いている大道芸人がいる。歌子だった。

　足元には空のバイオリンケースを置いて開き、そこにお金を入れてもらえるようになっている。しかし、足を止める人は少なく、入っているお金も少ない。だが歌子はめげることなく、バイオリンを弾いている。時々、手を休め、両手に「はーっ」と息を吹きかけ温めて、またバイオリンを弾く。チラチラと粉雪が降ってきた。

＊

　少し離れて大きな樹がある。その陰に身を隠し、じっと見ている杏がいた。

○丹川設計事務所

　杏は、すでに夫を病気で亡くしていた。息子が丹川設計事務所を継ぎ、杏は半ばリタイアした状態。すっかり老けてしまった。そこへ、

「こっち、こっち」

　と孫娘（娘・マリナの子）が手を引いて連れてきたのは、やはり老けた歌子だった。しかし、元々の美形と子供がいないせいで、年齢よりは若く見える。

「喫茶店を設計してほしいという、依頼主がいるの」

　と杏は切り出す。しかし、店をまかせる予定の人が、急に都合が悪くなったという。

「歌子さん、その喫茶店のママを引き受けてくれないかしら」

「私でいいの？」

「引き受けてくれるなら、私、久しぶりにそのお店の設計をしてみようかなと思って」

○喫茶店「伊曽保《イソップ》」（数か月後）

　こぢんまりとしているが、木の温もりを感じる店内。歌子はカウンターの中にいた。客として座る杏に、コーヒーを出す。

「う～ん、いい香り」

「杏ちゃんはすごいわ。建築家になって、立派な賞も取って、お子さんにも、可愛いお孫さんにも恵まれて。それに、あの大きな建物……」

　窓の外に、新国立競技場が見える。

「今年また、東京でオリンピックがあるのね」

※テロップ・このドラマは二〇二〇年一月に収録されました。

「あれ、杏ちゃんの教え子が作ったんでしょ？」

「教え子なんて大袈裟《おおげさ》よ。そりゃ、私の後輩たちも設計に参加してるけど」

「同じようなものよ。すごいわあ」

「すごくなんかないわ。私は不器用だ

から、ただコツコツやってきただけ」

「コツコツかぁ……私にはそれができなかった」

「何言ってるのよ。歌子さんはこれから、このお店をコツコツやっていけばいいのよ」

「これから?」

「そう、コツコツはいつからでも始められるわ」

「そうか……そうね」

少し涙ぐむ歌子。杏が明るく言う。

「ねえ、歌子さん、聞かせてよ」

店の片隅に、一段高くなった小スペースがある。それは、歌子のために、杏が設計したミニステージだった。そこに立つと、ダウンライトで歌子の姿が浮かび上がる。

後ろ壁は美しい板張り。反響板の役割も兼ねている。杏はそれをコツコツと叩いた。

「わかる? 歌子さん。これ、飛騨《ひだ》の木材よ」

言われて歌子は、愛《いと》おしげに、その板を手でなでた。

「なんだか、懐かしい感じがする……」

歌子はバイオリンを弾く。木材の柔らかい反響でその調べは心地よく店内に響く。

《演奏する歌子・聴き入る杏に、過去のさまざま思い出がセピアカラーでオーバーラップする》

× × ×

はじめて歌子の家の玄関に立った、バイオリンケースを持った美少女の歌子。

× × ×

かつて放課後の教室で、歌子の弾くバイオリンにうっとり聴き惚れている杏。

× × ×

音大生時代、人気絶頂でバイオリンを弾いていた歌子の姿。

× × ×

銀座の街角で、偶然再会した杏と歌子。

× × ×

歌子のアパートを訪れ、その美しい部屋に驚く杏。

× × ×

寒空の下。公園でバイオリンを弾く歌子。それをじっと見る杏。

× × ×

いま杏は、歌子が淹《い》れたコーヒーをおいしそうに飲みながら、うっとりと歌子のバイオリンを聴いていた。窓の外には、木のぬくもりを感じさせる新国立競技場が見える。

（完）


長らくご覧いただきありがとうございました。

来週からの、大阪局制作「笑って、こなもん」をお楽しみに。

「ハリウッド・シリーズ完結編」リメイク「桃太郎」
あの「最後の戦い」から10年
アリゾナの牧場で静かに過ごしていた
PG(ピーチ・ガイ)にある日、1通の手紙が
——いま正真正銘の最終章が始まる
COMING SOON!
PG FINAL BLOOD

解説　アダプテーションと文芸作品

この珍妙な本をどう理解すればいいのか？　タイトルに「リメイク（remake）」と謳《うた》ってはいるが、その範疇《はんちゅう》でおとなしく収まっているわけではない。なにしろ作品単体ではなく、宣伝、展開、シリーズ化というシステムまで含めてリメイクされているのだ。

本書を解説する何かいい名前はないかと考え、まず最初に「パロディ（parody）」という言葉が浮かんだ。他の作品を模倣《もほう》することで批判、風刺する手法や作品のことだ。古くからの日本的な言い方だと「もじり」や「本歌取《ほんかど》り」になるだろう。

次に「パスティーシュ（pastiche）」という言葉も浮かんだ。こちらは、作風の模倣と呼ばれる。音楽・美術・文学などにおいて、先行する作品の要素を模倣したり、寄せ集め、混成すること、とある。

文体模倣としてはレーモン・クノーの『文体練習』が有名だ。日本においては、和田《わだ》誠《まこと》の『倫敦巴里《ロンドンパリ》』がある。本書の著者・藤井《ふじい》青銅《せいどう》は、「和田誠へのオマージュとしてこの企画を十年前に考えた」と述べている。「オマージュ（hommage）」は、尊敬する作家や作品に影響を受けて、似たような作品を創作する事を指す。

以上のどれでもいいのだが、なにかもう一つ本作にピッタリくる言葉はないかと考え、「アダプテーション（adaptation）」という言葉にたどり着いた。これは、日本ではあまり一般的ではないだろう。文芸作品で、元になる作品を翻案・改作・潤色《じゅんしょく》して別の作品を創ることを指す。アダプターという言葉なら馴染みがあるかもしれない。「適合させる」という意味だから、理解しやすいだろう。

文芸評論家リンダ・ハッチオンは「アダプテーションとは、特定の作品の公表された包括的な置換」と定義している。わかり易い例で言うと、小説の映画化、あるいは漫画化、その逆のノベライズなどがそうだ。古典的な小説、演劇、語り芸だけでなく、現代では漫画、アニメーション、映画、ドラマ、ゲーム、Ｗｅｂコンテンツ……など表現形式が増えている。アダプテーションは、こうした表現のジャンルを軽々と越境する。

とはいえ実は、ことさら珍しいことではない。たとえば、シェークスピアの戯曲はどれも既存の物語や詩を翻案したものと言われている。かの有名な『ロミオとジュリエット』は、アーサー・ブルックの『ロミウスとジュリエットの悲しい物語』が元ネタと言われるが、それに先立ち古代ローマの詩人オウィディウスの『ピュラモスとティスベ』もある。『ロミオとジュリエット』はのちに何度も映画化される。詩→戯曲→映画というアダプテーションの連続だ。さらに、時代と場所を現代のニューヨークに置き換えた映画が『ウエスト・サイド物語』であることも、広く知られている。

フランスの『モンテ・クリスト伯』は日本で『巌窟王《がんくつおう》』になり、『レ・ミゼラブル』は『噫《ああ》無情』になる。落語は日本固有の演芸だが、その中に「死神」という噺《はなし》がある。これは明治初期に三遊亭圓朝《さんゆうていえんちょう》が、グリム童話から翻案したものだ。

このようなすべてがアダプテーションなのだ。換骨奪胎《かんこつだったい》と言い替えてもいい。置き換える時に、何が省略されるのか？　何がつけ加えられるのか？　そして、何が変わらないのか？……という諸点が重要になる。

さらに、アダプテーションは置き換える過程で勘違いや知識不足による間違いもおきる。我々日本人が、ハリウッド映画やサイバーパンク作品に登場する「日本」に違和感を覚えるあの感覚だ。そう。何がどう間違えられているのか？……も興味深い。

最近ではこれを「情報不足による再創造（ignorance-driven reinvention）」と呼んでいる。『十七世紀のオランダ人が見た日本』（フレデリック・クレインス）という本には、来日経験のないオランダ人が伝聞と少ない知識で書いた日本像が描かれている。想像で描かれた京都御所の絵は中国だか西洋だかわからない外観だし、京都・方広寺《ほうこうじ》の大仏や三十三間堂《さんじゅうさんげんどう》の絵は、邪教の宮殿のよう。まるで、いま流行の「異世界もの」だ。

その間違いや違和感をも面白がり、ジャンル特有の「パターン」と「あるある感」を楽しむ意図で作られたのが本書であろう。つまりこの本の正式名称は、『ハリウッド・リメイク・パロディ・もじり・本歌取り・パスティーシュ・アダプテーション・翻案・改作・潤色・換骨奪胎・パターン・あるある・情報不足による再創造・桃太郎』とすべきなのだ。

本屋さんに行ったら、

「あのう、いま話題の『ハリウッド・リメイク・パロディ・もじり・本歌取り・パスティーシュ・アダプテーション・翻案・改作・潤色・換骨奪胎・パターン・あるある・情報不足による再創造・桃太郎』はありますか？」

「ありますよ。『ハリウッド・リメイク・パロディ・もじり・本歌取り・パスティーシュ・アダプテーション・翻案・改作・潤色・換骨奪胎・パターン・あるある・情報不足による再創造・桃太郎』ですね、こちらの棚です」

と言われて買って帰り、家族に、

「頼まれてた『ハリウッド・リメイク・パロディ・もじり・本歌取り・パスティーシュ・アダプテーション・翻案・改作・潤色・換骨奪胎・パターン・あるある・情報不足による再創造・桃太郎』を買ってきたぞ」

「わーい、ありがとう、『ハリウッド・リメイク・パロディ・もじり・本歌取り・パスティーシュ・アダプテーション・翻案・改作・潤色・換骨奪胎・パターン・あるある・情報不足による再創造・桃太郎』だ！」

「おいおい、『グランパ、グランマ。ぼく、悪い奴らを退治してきます！』というサブタイトルはどうした？」

「あ、『ハリウッド・リメイク・パロディ・もじり・本歌取り・パスティーシュ・アダプテーション・翻案・改作・潤色・換骨奪胎・パターン・あるある・情報不足による再創造・桃太郎「グランパ、グランマ。ぼく、悪い奴らを退治してきます！」』をありがとう！」

となる。

そう。賢明な読者はすでにお気付きだと思うが、この「解説」もまた、もっともらしい理屈を並べて長い名前をつける落語「寿限無《じゅげむ》」のアダプテーションなのである。

CAST
ピーチ・ガイ
グレイハウンド犬　チンパンジー　ハクトウワシ
ジェームズ　メアリー　総統　ラーム
ピーチ・ガール　シーズー犬　マーモセット　インコ
蟻本杏　霧乃歌子
ルナ姫　オッキーナ王　ナイチンゲール（ミスター・クレッセント）　月の女王
クレイ　シモンちゃん　アライグマ　バジー　チェス　テリー　ダン
水戸黄門　助さん　格さん　お紅　八兵衛　弥七　大神屋
比之喜郎　ご隠居
ジョージ・K・イーサン　ヨーク・バリー
ラシュマン　オットー姫　新出麗羅　王子
雀雄　やすよ　ビーンコーポレーションCEO
孫六　黒犬　猫弥女　鶏太　S君　神野彗里　襟糸刑事
タヌキ　北風　太陽　ネズミたち　ハーメルン総統
AND
メルヘンジャー（赤星・緑森・青池・黄島・桃美）

IN

ハリウッド・リメイク桃太郎《ももたろう》
「グランパ、グランマ。ぼく、悪《わる》い奴《やつ》らを退治《たいじ》してきます！」

2020年11月10日　第1刷発行

著者
藤井青銅《ふじいせいどう》

発行者
富澤凡子

発行所
柏書房株式会社
東京都文京区本郷2-15-13（〒113-0033）
電話03-3830-1891（営業）　03-3830-1894（編集）

印刷
壮光舎印刷株式会社

製本
株式会社ブックアート

編集
村松剛（柏書房）

装丁・本文デザイン・DTP
次葉

イラスト
小松聖二、大塚たかみつ

Special Thanks
先行する映画、ドラマ、アニメ、ステージ等の作品／内外の童話・むかし話／新宿の24時間営業喫茶店「E」

 ISBN978-4-7601-5247-6

THE END